입시의 결정적 마침표,
초등 수학 사고력

김종명 지음

입시의 결정적 마침표, 초등 수학 사고력

선행과 수행,
고교학점제로 직결되는
사고력 수학의 힘!

블루무스

들어가는 말

초등 아이의 수학 기반을 제대로 쌓아 주세요

사고력 수학이 시작된 지 20년이 훌쩍 넘었지만 여전히 사고력 수학은 기대와 우려가 교차하는 영역입니다. "사고력 수학, 시켜 보니까 깊이 있게 생각하는 아이로 키우는 데 꼭 필요하더라고요."라고 하는 부모가 있는가 하면, "글쎄요, 사교육 과열의 상징 같달까요."라며 부정적인 감정을 내비치는 부모도 있습니다. 그리고 제가 느끼기에 부정적인 쪽의 목소리가 약간은 우세한 것 같습니다.

    그동안 많은 부모들이 단순히 수학을 많이 시키거나 어려운 문제를 풀게 하면 성적이 오른다고 믿었습니다. 저는 그것이 큰 오해임을 말하기 위해 이 책을 썼습니다. 수학 성적을 올리는 기술은 잠깐의 성취에 불과하지만, 사고력 수학은 아이의 평생 학습 태도를 다져 줍니다. 그리고 이것이 어떻게 중·고등학교 때 결정적인 차이를 만들어 내는지, 초등 시기에 사고력 수학으로 쌓은 능력이 어떤 원리로 성적을 좌우하는지 구체적인 자료와 함께 설명했습니다.

사고력 수학을 어떻게 시켜야 할까요? 이 책은 그 방법을 매우 구체적으로 제시합니다. 학원에 보내지 않고도 학원에 보낸 것 같은 효과를 내는 '부모표 사고력 패키지'를 꾸리는 방법, 그리고 사고력 수학 학원을 현명하게 고르는 지침도 알려 드립니다.

또한 사고력 수학뿐 아니라 아이가 교과 수학을 안정적으로 공부할 수 있는 실질적인 공부법, 나아가 초·중·고 전 과정을 아우르는 믿을 만한 로드맵도 담았습니다. 다가올 고교학점제라는 거대한 변화에 어떻게 대비할 수 있는지, 오랫동안 아이들을 가르치며 쌓아 온 노하우와 구체적인 자료, 쉽게 따라 할 수 있는 방법론을 제시합니다.

이 책의 제목이 《입시의 결정적 마침표, 초등 수학 사고력》인 이유가 여기에 있습니다. 너무나 중요한 초등 시기를 문제집 물량 공세나 과도한 학원 일정으로 흘려보내지 않았으면 하는 마음이 담겨 있습니다.

결국 이 책이 말하고자 하는 핵심은 단순합니다.

"초등 때 수학 기반을 올바른 방법으로 탄탄하게 쌓아 주세요. 그러면 나중에 아이는 어떤 환경에서도 수학을 즐길 것입니다."

이제 아이의 손을 잡고, 그 여정을 시작해 보시기 바랍니다.

추천의 글

사고력 수학은 이런 것입니다

한헌조 (씨투엠에듀 대표)

사고력 수학의 시작은 '아이들이 즐겁게 공부할 수 있는 좋은 수학 교육 프로그램'이었습니다. 하지만 여전히 사고력 수학의 정체를 제대로 알지 못하는 부모들이 많습니다. 20여 년 전 사고력 수학을 처음 만들어 낸 사람으로서 마음이 편치만은 않았습니다.

그런 가운데 사고력 수학이 무엇이며 왜 중요한지를 이렇게 심도 있게 풀어낸 책을 만나니 참으로 반갑습니다. 더구나 저자가 사고력 수학 초창기에 저와 함께 연구하고 개발했던 1세대 동료, 김종명 원장님이라는 사실이 더욱 뜻깊습니다. '사고력 수학'이라는 이름조차 없던 2000년대 초반, 함께하던 연구소에서부터 보여 준 그의 성실함과 집요한 탐구심이 빚어낸 결실이 바로 이 책입니다.

이 책은 사고력 수학이 아이의 사고 근육을 단련하는 과정이자, 수학을 좋아하게 만드는 열쇠임을 보여 줍니다. 세상이 사고력 수학을 오해하고 의심해 온 지점을 하나하나 짚어 내며, 왜 그것이 중요하고 꼭 필요한지를 현실적인 이유와 함께 제시합니다. 또한 가정에서 실천할 수 있는 지도 방법과 원칙, 교과와 입시, 나아가 미래 역량과 연결되는 큰 그림까지 담아내고 있습니다.

수학 교육의 본질에 대한 통찰을 전하는 이 책은, 수학을 고민하는 모든 부모에게 든든한 길잡이가 되리라 확신합니다.

차례

들어가는 말
초등 아이의 수학 기반을 제대로 쌓아 주세요 … 4

추천의 글
사고력 수학은 이런 것입니다 … 6

1장
대입의 차가운 진실, 정말 대치동은 이기지 못할까?

수학은 공교육만 따라가면 망하는 구조입니다 … 14
고교학점제가 불러온 후폭풍
　↳ 자사고 미달 사태 … 18
전교 1등이 수능 2등급조차 받지 못하는 이유 … 27
선행을 많이 해야 하나요? 그게 정말 필승법일까요? … 30
8,000명을 채점하고 알게 된 뜻밖의 사실 … 34

2장

우리는 아이에게 무기를 쥐어 줘야 한다

그래서, 뭘 어떻게 해야 하는 걸까?	40
선행과 심화 사이의 길, 사고력 수학	52
사고력 수학 하면 뭐가 좋은데요?	57
대치동이 사고력 수학을 선택한 다양한 이유	70
사고력 수학의 종류, 구체적으로 알려 드립니다	83
사고력 수학 학원, 솔직하게 리뷰해 드립니다	96
우리 동네에는 사고력 수학 학원이 없는데요 1	
↳ 문제집 고르기	108
우리 동네에는 사고력 수학 학원이 없는데요 2	
↳ 교구와 퍼즐 고르기	120
우리 동네에는 사고력 수학 학원이 없는데요 3	
↳ 부모표 사고력 수학 프로그램	143
우리 동네에는 사고력 수학 학원이 없는데요 4	
↳ 부모의 태도와 전략	161
혹시 내 아이가 영재? 영재의 유형별 특징과 교육 방향	182

3장
교과 수학 통합 로드맵

결국 교과 수학을 잘해야 하는데, 어떻게 하죠?　　　210

교과 수학의 포인트 1
　↳ 선행 왜 시키세요?　　　214

교과 수학의 포인트 2
　↳ 초등 심화는 필수가 아닙니다　　　221

교과 수학의 포인트 3
　↳ 습관 기르기　　　229

초3부터 시작하는 필승 완전학습
　↳ 7회독 학습법　　　242

무슨 문제집 사야 해요?　　　257

교과 수학, 어떻게 공부해요? 1
  ↳ 문제가 안 풀리는 아이 지도법　　　　　　　　　　265

교과 수학, 어떻게 공부해요? 2
  ↳ 반성　　　　　　　　　　　　　　　　　　　　279

초등 수학 로드맵, 고등에서 망하는 4가지 함정　　　286

아이의 능력에 따른 학년별 수학 학습 로드맵　　　　297

중하위권에서 상위권으로 도약하는 전략
  ↳ 완전학습 공부법　　　　　　　　　　　　　　315

상위권에서 최상위권으로 도약하는 전략
  ↳ 피지컬 공부법　　　　　　　　　　　　　　　319

최상위권에서 극상위권으로 도약하는 전략
  ↳ 몰입 공부법　　　　　　　　　　　　　　　　326

나가는 말
대치동을 이기는 절대반지　　　　　　　　　　　　329

1장

대입의 차가운 진실, 정말 대치동은 이기지 못할까?

수학은 공교육만 따라가면 망하는 구조입니다

초등학교에서 영어를 처음 배우는 시기는 3학년이지만 그 누구도 공교육을 따라가지 않습니다. 영어는 공교육 교육과정만 따라가면 고등학교에 가서 망한다는 것을 많이들 알기 때문입니다. 초등과 중중 때는 쉽다가 고등으로 올라가면 급격하게 어려워집니다. 그래서 어릴 때부터 선행학습을 많이 합니다.

그런데 그거 아시나요? 수학도 마찬가지입니다. 공교육만 따라가면 망하는 구조입니다.

공교육 J 커브의 비밀

공교육 수학 교육과정에서 배우는 개념·원리·유형이 학년별로 얼마나 많은지 그래프로 나타내면 다음과 같습니다.

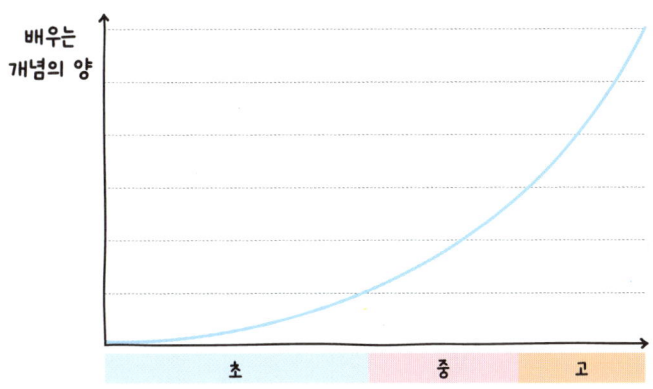

수학 교과서에 나오는 학년별 개념의 개수

초등학교 과정에서 배우는 개념·원리·유형은 몇 가지 안 됩니다. 그러다가 중학교 과정으로 올라가면 초등 6년 동안 배운 것보다 더 많은 개념을 중학교 1학년 때 배웁니다. 그리고 중학교 3년 동안 배우는 개념보다 고등학교 1학년 때 배우는 개념이 더 많습니다. 말 그대로 기하급수적으로 늘어납니다.

이과를 지망하면 더 무서운 상황이 벌어집니다. 고1 때는 공통수학 한 과목만 배웁니다. 하지만 고2가 되면 대수, 미적분1,

확률과 통계, 미적분2, 기하 중의 대부분을 배워야 합니다. 고교학점제가 되면서 명문 대학에 진학하려면 이들 외에도 추가로 수강해야 하는 과목도 있습니다. (인공지능 수학, 수학과제 탐구, 이산 수학, 고급 대수, 고급 미적분, 고급 기하 등 많습니다.)

정리하면 공교육 수학 교육과정은 시간이 많은 초등 때는 느슨하게 진도를 나가다가 고등 때부터 갑자기 어마어마하게 많은 양의 지식을 공부하도록 설계되었습니다. 때문에 어릴 때는 방심하다가 고등학교에서 뒤통수를 맞게 됩니다.

성실했더니 손해를 본다?

심지어 학년이 올라가면서 내신과 수능의 난도까지 빠르게 높아집니다. 내신과 수능에 나오는 어려운 문제를 풀려면 고도의 추론 능력과 문제해결력이 필요합니다. 하지만 추론 능력과 문제해결력을 교육하는 단원이 교육과정의 어디에 있습니까? 없습니다.

사고력을 교육한 적은 없으면서 수능에서 사고력을 평가하는 것입니다. 그러니까 열심히 공부해도 어려운 수학 문제를 못 풀면 타고난 머리 탓으로 돌립니다. 기껏해야 교습자나 문제집의 해설을 통해서 어깨너머로 문제해결의 기술을 배울 뿐입니다. 그것도 고난도 문제는 수능을 준비하는 고3이 되어서야 찔끔 공부합니다.

그래서 성실하게 공교육 과정을 따라갔던 비교육특구 전교 1등의 대부분이 수능 2등급도 못 받는 안타까운 상황이 몇십 년째 이어지고 있습니다.

그러면 어떻게 하면 좋을까요? 무작정 공교육의 교육과정을 성실하게 따라가는 것이 아니라 우리 아이에게 맞는 수학 학습 전략과 로드맵이 필요합니다.

고교학점제가 불러온 후폭풍

자사고 미달 사태

2025학년도 자사고 입시에서 휘문고, 세화고가 미달이 되었습니다. 두 학교 모두 의대와 서울대를 전국에서 가장 많이 보내는 고등학교로 꼽히는 명문고입니다. 2028 대입제도 개편으로 내신이 9등급제에서 5등급제로 바뀌어서 자사고 내신의 불리함이 완화되었습니다. 그래서 자사고의 인기가 올라갈 것으로 예상하는 사람들이 많았는데 뜻밖이었습니다. 왜 이런 사태가 벌어졌을까요? 미달 사태의 원인을 알려면 먼저 바뀐 교육정책을 알아야 합니다. 하나씩 알아보겠습니다.

고교학점제는 무엇을 의미할까

2025년 고1부터 고교학점제가 시작되었습니다. 고교학점제에는 필연적으로 다음과 같은 변화가 따라오게 됩니다.

이 중에서 논란이 되는 부분은 내신 절대평가, 수능 절대평가, 수능 범위 축소 등입니다. 이들 모두가 우리 아이들의 공부 로드맵에 큰 영향을 미칩니다.

어려운 과목이나 수강인원이 적은 과목도 수강할 수 있게 해야만 진정한 과목 선택권이 보장됩니다. 그래서 고교학점제는 내신 절대평가가 필연적입니다. 고교학점제가 되면 A 학점 비율이 약 35% 정도 될 것으로 예상됩니다.

그동안 자사고, 특목고, 교육특구의 일반고는 치열한 내신

경쟁 때문에 실력보다 내신이 낮아서 불이익이 있었습니다. 그런데 내신이 절대평가로 되면 특목고, 자사고, 교육특구의 일반고는 유리해집니다.

한편 고교학점제가 되면 필연적으로 수능을 절대평가로 전환해야 합니다. 수능을 상대평가로 하게 된다면 성적이 잘 나올 과목만 수강하는 폐단이 있기 때문입니다. 수능 시험범위도 학생들이 공통으로 배우는 과목인 고1 과정 또는 고2의 일부 과정까지만 출제해야 합니다. 안 그러면 수능에 나오는 과목만 수강해서 과목 선택권이 없어지기 때문입니다.

2028 대입제도 개편과 고교학점제

한편 2023년에 발표된 2028학년도 대입제도 개편의 핵심 내용은 '내신은 상대평가를 유지하되 9등급제에서 5등급제로 완화한다.', '수능은 상대평가를 유지하되 시험범위를 문이과 공통범위로 축소한다.'라는 것입니다. 고교학점제와 입시 안정성 사이에서 나온 절충안입니다. 현재 초등이 대학에 갈 때는 또 바뀌겠지만, 대입에서 내신과 수능의 영향력이 약해진다는 추세를 확인할 수 있습니다.

2015년 이후 태어난 아이들이 대학을 갈 때는 현 2022 개정

교육과정이 아니라 새로운 2027 개정 교육과정이 적용될 가능성이 큽니다. 현재의 추세가 이어진다면 이때는 고교학점제가 더욱 본격적으로 적용될 것으로 보입니다. 내신과 수능 모두 절대평가가 되고, 수능 범위도 고1 범위만 출제될 가능성이 무척 높습니다. 그렇다면 이런 상황에서 대학은 어떻게 학생을 뽑으려 할까요?

대학들은 왜 '수능 힘 빼기'를 하는가

서울대가 먼저 정시에 학생부를 반영해서 선발하기 시작했습니다. 그 뒤로 연세대, 고려대, 성균관대, 한양대, 부산대 의대에서 정시에 수능과 내신을 함께 반영하기로 했습니다. 서울대는 2026학년도 입시부터는 정시에 학생부를 최대 40%까지 반영할 계획이라고 발표했습니다.

발표대로 시행되면 수능 만점이라도 내신이 조금만 낮으면 서울대에 합격할 수 없습니다. 일종의 '수능 힘 빼기' 또는 '정시의 수시화'라고 할 수 있습니다.

왜 이렇게 되었을까요? 2028 대입제도 개편으로 수능 범위가 고1 과목(수학은 고2문과, 이과 공통범위)으로 축소되었습니다. 그러니까 전자공학과에 진학할 학생이 미적분이나 물리를 제대로 학습했는지를 수능으로 확인할 수 없습니다. 그래서 명문대는 수능 100%로 학생을 선발할 수가 없어졌습니다. 그 결과로 그동안 수능 100%로 선발하던 정시 전형에 학생부를 반영할 수밖에 없습니다.

이 꼭지의 처음에 등장했던 휘문고, 세화고가 미달이 되었던 이유가 바로 여기에 있습니다. 이들 학교가 수능에 특화된 교육과정을 운영했기 때문입니다. 반면에 같은 자사고이지만 수능과 학생부 모두 강한 중동고는 경쟁률이 낮아지지 않았습니다.

==앞으로 정책은 계속 바뀔 것입니다. 하지만 서울대를 비롯한 명문대에서 현재처럼 수능 외의 요소를 입시에 크게 반영하는 추세, '수능 힘 빼기'는 계속될 것입니다.== 그러면 '고교학점제 시행', '수능 힘 빼기'라는 추세가 우리 아이 교육에 어떤 영향을 미칠까요?

명문대는 무엇으로 선발할까?

지금 초등인 아이들이 대학에 갈 때는 내신도 절대평가, 수능도 절대평가, 수능 범위도 고1 과목으로 시행될 가능성이 매우 큽니다. 내신과 수능의 변별력이 무척 낮아진다는 말입니다.

그렇다면 명문대학은 무엇으로 학생을 선발할까요? 일부에서는 대학별 고사 또는 논술, 면접으로 선발할 것이라고 추측합니다. 하지만 고교학점제는 일본식 모델에서 미국식 모델로 전환하는 것입니다. 따라서 일본식 모델인 본고사를 채택할 가능성은 매우 낮습니다.

대입제도는 워낙 정치적인 변수가 많이 작용하는 분야라서 미래의 정책을 정확하게 알기는 어렵습니다. 하지만 미국 명문 대학이 어떤 기준으로 학생을 선발하는지 알아보면 큰 추세는 짐작할 수 있습니다. 미국 명문 대학은 여러 요소를 반영해서 학생을 선발하는데 각 요소 사이의 우선순위는 다음과 같습니다.

심화 선택과목 > 내신 > SAT > 비교과 > 에세이
(한국으로 치면 심화 선택과목 > 내신 > 수능 > 학생부)

미국 명문 대학에 합격하려면 어느 수준 이상의 내신과 SAT 성적은 기본입니다. 하지만 내신과 SAT에서 기본선을 넘은 학생들 중에서 변별력은 심화 선택과목입니다. 명문대는 A.P(Advanced Placement: 대학 과목 선이수 제도)로 3학점짜리 대학 과목 5과목~10과목에서 A학점을 받을 것을 요구합니다.

우리나라 상황으로 재구성해 보겠습니다. 다음 사례를 한 번 보십시오. 왼쪽 학생과 오른쪽 학생은 고2, 고3 때 배우는 과목이 다릅니다. 두 학생 모두 내신과 수능이 A라고 할 때, 여러분이 입학사정관이라면 누구를 선발하겠습니까?

대수, 미적분1, 미적분2, 화학, 생명과학 + 세포와 물질대사, 화학반응의 세계	대수, 미적분1, 미적분2 + 고급 미적분, 고급 화학, 고급 생명과학, 화학 실험, 과학 과제연구

고교학점제가 되면 일반고는 어떻게 하나

사실 고교학점제에서는 특목고와 자사고 등을 폐지해야 공정한 경쟁이 가능합니다. 하지만 이것이 현실적으로 가능할까요? 많은 분들이 그런 일은 일어나지 않을 거라 생각합니다. 제 생각에도 특목고, 자사고를 폐지하기는 어려울 것 같습니다. 고교학점제 아래에서 특목고, 자사고가 존치되면 어떤 일이 벌어질까요?

현재 일반고 학생과 특목고, 자사고, 명문 일반고 학생의 학력격차는 큽니다. 서울대 합격자 수를 보면 일반고 출신이 전체 합격생의 48.4%, 자사고 출신은 16.6%, 영재고와 과학고 출신은 13.9%, 외고 및 국제고 출신은 9.5%입니다. 얼핏 보면 일반고 출신이 약 절반이라서 학력 격차가 그렇게 크지는 않은 것 같습니다. 하지만 일반고는 약 1,700개인데 특목고, 자사고는 약 100개입니다. 일반고는 특목, 자사고의 17배가 더 많은데도 서울대 합격자 수는 거의 비슷합니다.

게다가 일반고 안에서도 서울대 합격자는 소수의 교육특구의 일반고가 대부분을 차지합니다. 명문 일반고 외의 일반고 합격자는 대부분이 지역균형전형으로 합격한 것입니다.

그나마 내신 상대평가와 수시 제도 덕분에 특목고, 자사고, 명문 일반고 학생들이 최상위 대학을 싹쓸이하지는 못해서 이 정도 차이에 그친 것입니다.

그런데 내신이 절대평가로 바뀐다면 어떻게 될까요? 게다가 일반고는 고급물리학 같은 심화 선택과목이 개설이 안 될 가능성이 큽니다. (예를 들어, 2026학년도에 하남시에는 '인공지능 수학' 수업이 개설되지 않아서 이웃한 광주시에 가서 수업을 들어야 합니다)

그렇게 된다면 일반고 학생은 명문대학에 진학하기 힘듭니다. 전교 1등이라도 말입니다. 고교 블라인드 정책이 있다고 해도 수강한 과목을 보면 일반고와 특목고, 자사고는 금방 구별됩니다. 일반고 학생이 특목고, 자사고, 명문 일반고 학생과 순수하게 성적으로만 경쟁하면 명문대에 진학하지 못할 것입니다. 그래서 서울대의 지역균형선발전형, 연고대의 학교장 추천전형처럼 일반고만 선발하는 쿼터제를 도입할 것입니다.

정책이 어떻게 변할지는 모릅니다. 정치적으로 결정될 것입니다. 하지만 우리 아이가 2032년 이후에 고등학생이 되는 나이라면 고교학점제가 전면적으로 확대 실시되는 상황을 대비해야 합니다. 나아가 고교학점제와 특목고, 자사고 존치라는 최악의 조합도 반드시 대비해야 합니다. 그렇다면 우리 아이는 무엇을 어떻게 대비할까요?

가장 현실적인 대처는 심화과목이 많이 개설되는 고등학교에 보내고, 무조건 고1 때부터 내신에서 상위권을 차지해야 합니다. 그러려면 초등 때 사고력은 완성되어 있어야 하고, 선행도 미리 돌려야 하고요.

이 지점에서 냉혹한 현실이 드러납니다. 교육특구(대치동, 목동 등)와 비교육특구의 교육격차는 고등이 아닌 초등부터 심각하게 많이 벌어집니다. 그런데 비교육특구에서는 초등, 중등 때 부모도 학생도 경쟁자가 옆에 있는 줄 압니다. 남이 적당히 하니까 나도 적당히 합니다. 그러다가 고등학교에 가서 경쟁자가 전국 단위로 확대되면 냉혹한 현실을 깨닫게 됩니다. 하지만 이미 때는 늦습니다. 이것이 입시가 초등 때부터 결정되는 원리입니다.

전교 1등이 수능 2등급조차 받지 못하는 이유

서울대에는 지역균형선발(흔히들 지균이라고 부릅니다)이라는, 전국의 모든 고등학교마다 2명까지 응시할 수 있는 입학전형이 있습니다.

이 전형은 학교장 추천을 받은 학생이 응시 가능한데, 학교에서는 당연히 합격 가능성을 높이기 위해 전교 1등과 2등에게 기회를 줍니다.

게다가 서류와 면접을 통과한다고 다가 아니라, 일정 수준 이상의 수능 성적을 거두어야 합니다(이것을 입시 현장에서는 줄여서 '최저 기준' 혹은 '최저'라고 부릅니다). 공부를 잘하는 전교 1등과 2등에게 기회가 돌아갈 수밖에 없는 이유입니다.

전국에 있는 일반고가 2024년 기준 1642개 학교니까 전교 1등과 2등만 해도 3,284명인데요.

3,284명 중, 서울대 지역균형선발 전형에 지원했다가 수능 최저 기준을 못 맞춰서 떨어지는 학생이 몇 명일까요?

정답은 880명(2024학년도 기준)입니다.

아, 880명이면 생각보다 많아도 어느 정도 납득이 가는 수치라고요? 그렇지 않습니다.

왜냐하면 수능 최저 기준을 맞출 자신이 없어서 원서조차 안 낸 학생의 수를 고려해야 하기 때문입니다. 실제로 원서를 낸 학생은 2,513명뿐입니다. 이 중에서 단 506명만 서울대에 지역균형선발로 합격했습니다.

결론적으로 전국의 전교 1~2등 3,284명 중에서 무려 1,651명이 수능 최저를 못 맞춘다는 이야기입니다.

더 구체적으로 표현하겠습니다. 2021학년도 서울대 지역균형선발의 수능 최저 기준은 3과목의 합이 6이었습니다. 쉽게 말해서, 수능을 치른 5과목(국어, 영어, 수학, 탐구과목 2개) 중에서 3과목만 수능 2등급을 맞으면 합격입니다.

수능 2등급은 상대평가로 따져서 상위 11%까지인데, 보통 정답률 30% 이상인 문제만 모두 맞으면 되는 수준입니다. 그런데 전국 일반고 전교 1~2등의 다수가 수능에서 상위 11% 안에 들어가지 못하는 겁니다.

 일반고 전교 1~2등이 이렇다면 일반고의 나머지 학생은 수능 2등급에서 한참 멀다는 뜻입니다. 매년 수능 응시생은 30만 명이 약간 넘으므로, 수능 2등급은 약 3만 명입니다. 일반고 전교 1~2등 3,284명 중에 506명만 수능 상위 3만 등 안에 든다면, 수능 2등급을 받은 3만 명 중에서 나머지 29,400명은 누구입니까? 바로 교육특구의 학생들과 재수·삼수생들입니다. 이들이 상위권을 독식하고 있습니다.

 그래서 서울대는 지역균형선발의 수능 최저 기준을 지속적으로 낮추어 왔습니다. 2023년부터 서울대 지역균형선발의 수능 최저 기준은 '3과목의 합이 7'로 바뀌었습니다. 수능을 치른 5과목 중에서 2과목은 수능 2등급, 1과목은 수능 3등급을 맞추면 됩니다. 교육특구와 비교육특구의 학력 격차를 반영한 현실이라고 할 수 있습니다.

 교육특구 학생들과 일반고 전교 1등의 격차는 왜 생길까요? 일반고 전교 1등이 게을러서일까요? 타고난 머리가 나빠서일까요? 일타 강사의 강의를 못 들어서일까요? 그보다는 초등 때 어떻게 지냈느냐에 비밀이 있습니다.

선행을 많이 해야 하나요? 그게 정말 필승법일까요?

초, 중 때는 진도를 쭉 뺀 뒤에 나중에 문제해결력을 기르면 된다는 전략도 있습니다. '선진도 후심화' 전략이라고 할 수 있습니다. 이는 불가능한 전략이 아니며 실제로 많은 N수생이 (비자발적으로) 이 전략을 따르고 있습니다.

사실 많은 아이들이 이 전략을 선택하는 이유는, 심화가 안 되기 때문입니다. "안 되는 심화를 붙들고 끙끙대지 말고, 일단 지금 할 수 있는 일부터 하자!" 하는 식이지요. 할 수 있는 일이란 바로 진도를 빼는 것이고, 고등학생이 되어 뇌가 충분히 발달했다면 이때부터 문제해결력을 기르자는 생각입니다. 일견 그럴듯해 보입니다.

이 전략의 가장 큰 맹점은 초등 및 중등 부모들이 고등학생의 학교생활을 잘 모른다는 데 있습니다. 선진도 후심화 전략이 성공하려면, 아이가 고등학생이 되어서 쉽게 안 풀리는 어려운 문제를 붙잡고 끝까지 혼자 씨름할 수 있어야 합니다. 하지만 고등학교는 초등과 중등에 비해 공부량 자체도 비교가 되지 않을 정도로 많고, 내신이며 수행평가며 챙길 게 너무나도 많습니다. 이렇게 바쁜 고등학생이 어떻게 수학 문제 하나에 몰두할 시간을 낼 수 있을까요? 거의 불가능합니다.

'선진도 후심화' 전략은 또 다른 문제가 있습니다. 숙성 시간의 문제입니다. 지식은 시간을 2배로 투자하면 2배로 빨리 학습할 수 있습니다. 하지만 능력은 시간을 2배로 투자해도 2배로 빨리 개발되지 않습니다.

이는 근력 운동을 통해 근력이 상승하는 과정과 거의 정확히 일치합니다. 근력 운동을 하면 근육이 지쳐서 근력이 떨어집니다. 쉬면 근력이 차츰 회복됩니다. 이때 일정 기간은 운동하기 전보다 근력이 더 늘어납니다. 이를 초회복supercompensation이라고 합니다. 초회복 구간에 다시 운동하면 그전보다 근력의 고점이 상승합니다. 이렇게 '적절한 강도의 운동'과 '충분한 휴식'을 통해 초회복을 반복하며 근력이 점점 자랍니다.

문제해결력도 근력과 마찬가지입니다. 적절한 숙성 시간이 필요합니다. 그래서 시간을 2배로 투입한다고 문제해결력이 2배로 빨리 성장하지는 않습니다. 고등학생 때 바짝 문제해결력 상승에 집중해 봤자, 아이의 문제해결력이 그만큼 바짝 자라지 못한다는 뜻입니다.

이 전략을 (비자발적으로) 따르는 N수생들이 얼마나 힘들게 공부하고 있는지, 얼마나 많은 시간을 들이고 있는지, 어떤 점을 후회하고 있는지 기회가 된다면 이들의 이야기를 들어 보십시오. '선진도 후심화' 전략의 문제점을 치열하게 설명할 것입니다. "어렸을 때 왜 공부에 관심이 없었을까?" 하는 한탄도 들을 수 있습니다.

3년 뒤 역도 대회에서 300kg을 들어야 하는 사람이 있습니다. 처음 2년은 기술만 배우다가 마지막 1년에 근력을 키우는 전략을 쓰는 선수가 있다면 어떤 생각이 듭니까? 어리석다는 생각이 들 겁니다. 처음부터 기술과 근력을 함께 개발해야 합니다. 문제해결력을 기르기에 가장 안전하고 적절한 시기는 바로 지금, 초등 시기입니다.

아마 요즘 교육과 입시 트렌드에 밝은 독자라면 이렇게 반문할 수도 있습니다.

"그런데 말이야, 대치동에서는 선행을 무지막지하게 나가던

데. 요새 그게 트렌드래. 그게 어떻게 가능하지? 그리고 선행을 안 나가면 입시 경쟁에서 밀린다는데? 그리고 누적 학습량이 중요하다며. 선행을 안 하는 게 말이 되나?"

맞습니다. 그래서 대치동 등의 교육특구에서는 초등 때부터 선행을 많이 나갑니다. 그런데 동시에 능력도 키우는 투트랙 전략을 씁니다.

그게 어떻게 가능할까요?

이를 위해 무엇을 해야 하는지 2장부터 구체적으로 알려 드리겠습니다. 우리 아이의 황금기, 초등 시기를 가장 보람 있게 보내기 위한 모든 노하우를 말씀드리려 합니다.

8,000명을 채점하고 알게 된 뜻밖의 사실

비교육특구의 부모님들은 교육특구와의 경쟁이 얼마나 심각한 문제인지는 몰라도, 적어도 초등 때가 중요하다는 사실은 대부분 인지하고 있습니다. 특히 수학은 어렸을 때 수학 머리를 길러 줘야 한다는 말을 많이 들었을 겁니다.

그래서 최근 몇 년간 힘을 얻은 이론이, 수학 심화를 시켜서 어렸을 때 문제해결력을 길러야 한다는 의견입니다. 즉, 심화서를 풀리는 것이지요. 어려운 문제를 오랫동안 붙들고 끝까지 풀어 내는 경험을 하면 문제해결력, 수학적 사고력, 과제집착력을 기를 수 있다는 것이 '심화 전략'의 핵심입니다.

초등학교 과정에서는 《최상위 수학》이 대표적인 교과 극심화서입니다. 나중에 입시 실적이 최상위권인 학생들에게 물어보면, 초등 과정을 공부할 때 《최상위 수학》을 했다는 경우가 많긴 합니다. 이 책을 읽는 독자 여러분 대부분도 아마 《최상위 수학》을 시도해 봤을 것입니다.

어떻던가요? 아이가 잘 풀던가요? 아이가 좋아하면서 심화 문제를 잘 푸는 경우도 있습니다. "어렵지만 재미있어요."라는 경우도 있고요. 이런 경우는 다행입니다. 계속 그대로 나가면 됩니다.

하지만 대부분은 이렇게 말할 겁니다.

"심화 문제를 풀어야 하는 것은 알겠어요. 그런데 풀려 보니 아이가 못 풀겠다고 포기하던데요."

부모들은 아이가 어려운 문제를 만났을 때 끝까지 궁리하면서 풀기를 바랍니다. 하지만 현실은 다릅니다.

심화 수학의 함정

지난 15년간 제가 운영하는 학원의 입학 시험을 친 아이가 약 8,000명입니다. 이 아이들의 입학 원서에는 공부했던 교재를 기록하는 칸이 있습니다. 따라서 저는 아이들이 공부한 교재와 시험 점수의 관계를 충분한 자료를 바탕으로 관찰할 수 있었습니다. 그리고 이 아이들이 어떤 문제집을 풀었는지 확인하는 과정에서 뜻밖의 사실을 알게 되었습니다.

교과 수학 교재는 크게 세 종류로 나뉩니다. 개념과 원리 및 유형을 공부하게 하는 개념서(시중에서 말하는 '유형서'도 여기에 포함입니다), 개념과 유형을 응용하는 응용서, 아주 어렵고 고도의 문제해결력을 요하는 심화서입니다. 디딤돌 출판사를 예로 들면 《디딤돌 기본》이 개념서, 《디딤돌 응용》이 응용서, 《최상위 수학》이 심화서입니다.

수학 공부를 제대로 시키려면 디딤돌 기본-응용-최상위를 모두 시켜야 한다는 소리를 많이 들었을 겁니다. 특히 《최상위 수학》은 부모들의 어떤 목표이자 성경 같은 느낌이 들기도 합니다. '이걸 시켜야만 우리 아이 수학 실력이 늘 거야!'

이러한 생각이 허상임을, 심화서를 공부한 경우와 응용서까지만 공부한 경우를 비교해 보고 알게 되었습니다.

저희 학원 응시생 중에서 응용서까지만 공부한 아이들의 교과 시험 평균 점수는 약 62점입니다. 그런데 심화서를 공부한 아이들의 평균 점수는 약 57점입니다. 응용서까지만 공부한 학생들의 평균 점수가 《최상위 수학》으로 대표되는 심화서를 공부한 학생들의 평균 점수보다 더 높은 것입니다. 보통 심화서를 공부하는 학생이 수학에 더 많은 시간과 에너지를 쏟은 것을 생각하면, 일반적인 예상과 다른 사실입니다.

더 정확하게 설명하면 입학시험에서 80점을 넘는 고득점자는 심화서를 공부한 아이가 더 많습니다. 그런데 평균 점수는 심화서를 공부한 아이들이 더 낮습니다. 이를 해석하면 다음과 같은 결론이 나옵니다. 심화서를 공부했기 때문에 수학을 잘하는 게 아닙니다. 잘하는 아이가 심화서를 공부한 것입니다.

독자 여러분이 꼭 알았으면 하는 또 다른 사실이 있습니다. 저희 학원은 입학 시험에서 수학 정서에 대해 설문조사를 하는데요. 이 설문조사에서 안타까운 사실을 발견했습니다.

심화서를 공부한 학생 중, 수학에 대한 호감도와 자신감 영역에서 '보통이다'보다 부정적인 대답을 한 학생이 약 27%입니다. 이는 심화서를 공부하지 않은 학생에 비하면 2배 정도 높은 수치입니다.

말하자면 힘들게 심화서까지 공부했는데 시험 성적은 더 낮고, 부상까지 당해 버린 것입니다. 이런 역설적인 사실을 입학 상담할 때 말씀드리면 부모들은 조금 충격을 받습니다. 개중 어떤 부모들은 다음과 같이 솔직하게 털어놓을 때도 있습니다.

"사실은 《최상위 수학》을 하면서 뭔가 잘못되고 있다고 느꼈습니다."

2장

우리는
아이에게 무기를
쥐어 줘야 한다

그래서, 뭘 어떻게 해야 하는 걸까?

다소 암울한 이야기를 했습니다. 독자 여러분께 있는 그대로의 현실을 전달하다 보니 그렇게 되었습니다. 여기까지 읽었다면 아마 많은 분들이 다음과 같은 의문을 가지고 있을 것입니다.

"그래서 뭐 어쩌라는 말인지? 우리 아이는 뭘 해야 하지?"

이제부터 무엇을 해야 하는지 구체적으로 알려 드리겠습니다.

단, 독자 여러분이 할 수 있는 것들을 알아보기 전에 할 것이 있습니다. 지금껏 우리는 수학적 사고력 혹은 문제해결력이라는 단어들을 다소 두루뭉술하게 썼습니다. 여기에 대한 올바른 개념부터 잡고 가야 합니다.

'아니, 이게 무슨 뜬구름 잡는 소리야? 뭘 해야 하는지 알려 달라니까?'라고 생각할 독자 여러분의 얼굴이 선합니다.

부모님들과 상담하거나 부모 대상 강연을 하면 패턴이 비슷합니다. 제가 열심히 "이건 이래서 저렇고요, 그렇기 때문에 어떻게 해야 합니다." 하고 설명드립니다. 다 들으신 부모님께서 돌려 주시는 질문은 십중팔구 이렇습니다.

"그래서 문제집 뭐 풀려야 해요?"

깔끔한 '하우투'를 원하는 부모님들의 심정을 이해하지 못하는 건 아닙니다. 다들 바쁘고 마음은 급하니, 완성된 정답을 빠르게 알기를 원하시지요.

그런데 말이에요. 아이에게 이렇게 조언하시지요?

"너, 정답을 맞혔다고 다가 아니라 왜 이 정답이 나왔는지 제대로 알아야 해."

"개념을 제대로 알았는지가 중요해."

독자 여러분도 마찬가지입니다. 왜 이 문제집을 해야 하는지를 아는 상태에서 아이에게 권하는 것과, 아이에게 무작정 문제집을 풀게 하는 건 다릅니다. 아이에게 권하는 말이 다르고, 아이가 성공적으로 문제를 풀었을 때 피드백이 다르고, 아이가 막힐 때 대처하는 방법이 다릅니다. 결과적으로 아이의 성장이 다릅니다.

독자 여러분도 수학을 공부하는 아이처럼, 수학교육에 대한 개념과 지식을 하나하나 알아 가는 재미를 느꼈으면 좋겠습니다. 어떻게 보면 이 책을 통해 아이가 수학을 공부하는 심정을 이해하는 것도 나쁘지 않겠네요.

수학을 잘한다는 건 무슨 뜻일까

질문을 드리겠습니다. 수학을 잘한다는 건 무엇을 뜻할까요? 십중팔구는 다음과 같이 대답할 것입니다.

"수학 문제를 잘 푸는 거요."

그렇다면 다시 질문을 드리겠습니다.

수학 문제를 잘 풀 수 있는 아이의 상태는 어떤 것일까요?

여기서부터 답이 엇갈립니다. 수학 공부를 많이 한 아이? 머리가 좋은 아이? 여러분의 생각은 어떠신가요?

사실 수학 문제, 즉 시험의 성격에 따라서 조금 다릅니다.

내신 시험에서 수학 문제를 잘 푼다는 것은, 시험 범위 안의 지식과 문제 유형을 잘 알고 빠르고 정확하게 문제를 풀 수 있다는 뜻인 경우가 많습니다. 초등학교 시절에 접하는 각종 시험도 이에 해당하곤 합니다. 이때 수학 문제를 잘 풀기 위해 흔히 쓰는 방법은 시험 범위에 해당하는 지식과 기술을 훈련하거나, 시험에 나올 법한 문제를 잘 골라서 그 풀이를 숙달하는 방법입니다. 이 방법은 저학년 때, 쉬운 문제에, 범위가 좁은 내신 시험에는 효과가 있습니다.

하지만 고학년이 될수록, 시험이 어려워질수록, 수능처럼 시험 범위가 넓어질수록, 상위권으로 올라갈수록 외우는 것으로는 해결이 되지 않습니다. 많은 지식을 깊이 이해하고, 지식들이 머릿속에 잘 정리되어 있어서 언제든 꺼내 쓸 수 있으며, 낯설고 어려운 문제에 접근하는 능력과 패기가 있어야 합니다. 진짜 변별력은 낯설고 어려운 문제에서 생기고 이것은 단순 암기로는 해결되지 않습니다. 이때 필요한 것이 소위 말하는 '문제해결력'입니다. 소수의 개념과 원리만을 이용해 어렵고 낯선 문제를 잘 푸는 능력이지요.

수능 출제기관이 털어놓는 비밀

그렇다면 대한민국 입시의 최종 관문인 수능을 출제하는 기관, 한국교육과정평가원은 수학을 잘한다는 것에 대해서 뭐라고 할까요? 평가원은 매년 수험생들을 위해 '수능 학습방법 안내' 책자를 발간합니다. 여기에는 "우리는 수능 수학에서 학생들의 이런 능력을 평가할 것입니다."라는 출제자들의 의도가 고스란히 담겨 있습니다.

그 내용을 들여다보면 우리가 아이의 수학 공부를 어떤 방향으로 이끌어야 할지, 그 중요한 나침반을 얻을 수 있습니다.

평가원에 따르면, 수능 수학은 단순히 지식을 암기했는지 확인하는 시험이 아닙니다. 대학교육을 성공적으로 이수하는 데 필요한 '수학적 사고력'을 측정하는 시험입니다. 그리고 이 사고력을 크게 계산 능력, 이해 능력, 추론 능력, 문제 해결 능력이라는 4가지 능력으로 나누어 평가합니다.

계산 능력은 가장 기본이 되는 능력입니다. 수학의 공식이나 풀이 절차를 정확히 적용하는 힘입니다. 이것은 튼튼한 연장을 갖추는 것과 같습니다.

이해 능력은 개념, 기호, 그래프의 의미를 제대로 알고, 배운 내용을 문제에 적용하는 능력입니다. 이 능력까지 갖추면 아이는 수능에서 안정적인 수능 3등급(상위 23%)까지 도달할 수 있습니다.

추론 능력은 단순히 아는 것을 적용하는 것을 넘어, 관찰과 유추를 통해 문제 해결의 핵심 원리를 스스로 발견해 내는 능력입니다. 여기서부터 상위권의 문이 열립니다. 이 능력을 갖춘 아이는 2등급(상위 11%)의 벽을 넘을 수 있습니다.

문제 해결 능력(문제해결력)은 최상위권을 결정짓는 마지막 능력입니다. 여러 개의 개념을 종합하고, 여러 단계의 깊은 사고를 거쳐, 생전 처음 보는 낯설고 어려운 문제, 소위 '킬러 문제'를 해결하는 힘입니다. 이 능력은 단기간에 만들어지지 않기 때문에, 많은 사람들이 '수학 머리는 타고나는 것'이라고 오해하게 만드는 주범이기도 합니다. 하지만 이 능력 역시, 올바른 방법으로 훈련하면 반드시 길러집니다.

수학적 사고력의 피라미드

수학적 사고력에 관한 흔한 믿음 하나를 보겠습니다.

> 어려운 문제를 잘 풀면 수학적 사고력이 좋은 것이고,
> 어려운 문제를 못 푸는 것은 수학적 사고력이 약해서다.

과연 그럴까요? 예를 들어 어떤 학생이 못 풀겠다고 포기하려 할 때 "숫자를 몇 개 넣어 보렴."이라고 발문하면 혼자 힘으로 푸는 경우가 많습니다. 그 짧은 순간에 갑자기 머리가 좋아졌을까요? 아니면 잠깐 사이에 수학 지식이 많아졌나요? 아닙니다. 원래 그 문제를 풀 수 있는 능력과 지식이 있었지만 어딘가에 막혀서 그 능력과 지식을 못 써먹었던 것입니다.

수많은 학생을 교육하면서 확신을 가지게 되었습니다. 어떤

문제를 스스로 해결할 수 있는 사고력과 지식이 있어도 심리적인 장애로 인해서 그 사고력과 지식을 사용하지 못하는 경우가 많다고요. 다시 말해 심리적인 장애만 없어도 문제를 훨씬 더 잘 풀 수 있습니다.

이처럼 수학적 사고력에는 지식이나 능력 외에 많은 요소들이 작용합니다. 수학적 사고력을 구성하는 여러 요소들과 그들 사이의 관계를 체계적으로 정리하였습니다. 제가 알게 된 수학적 사고력을 쉽게 설명하는 모델을 소개합니다. 다음 47쪽의 그림을 보세요.

가장 밑바탕이 되는 것은 '정서'입니다. 생각하는 재미 hard fun, 어려움을 딛고 성공했을 때 느끼는 성취감, 못 풀고 틀리고 있을 때 버틸 수 있는 안정감, 지적인 호기심, 미지의 상황을 만나도 나는 잘할 수 있다는 자신감 등입니다.

그 다음은 '태도'입니다. 나의 능력은 노력하면 성장할 수 있다고 믿는 성장 마인드셋, 무작정 시키는 대로 따라하지 않고 먼저 자기 머리로 생각하려는 자율성, 미지의 상황에서 과학적으로 추론(관찰-가설-실험-확인-가설 수정)하는 태도, 깊이 탐구하는 태도, 자신의 지적 활동을 되돌아 보는 메타 인지, 완전히 납득될 때까지 논리적으로 치밀하게 따지는 태도 등입니다.

(정서와 태도는 중첩되는 부분이 많지만, 엄밀히 구분하면 성격이 조금 다릅니다. 정서는 수학에 대한 아이의 감정이고, 태도는 수

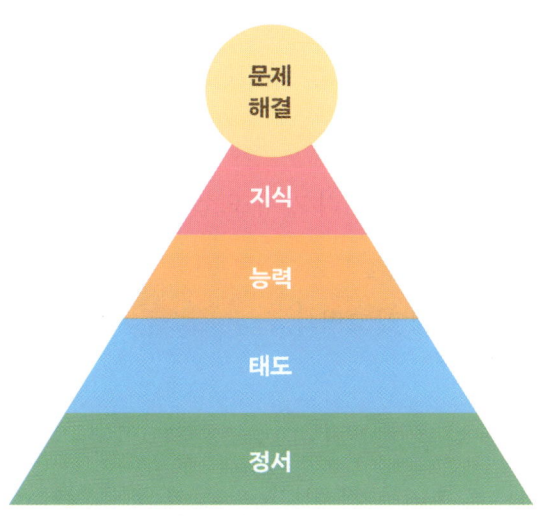

학을 맞닥뜨린 아이가 실제로 행하는 행동양식이라고 보면 됩니다)

다음으로는 각종 '능력'이 있습니다. 과제집착력, 논리력, 수학적 이해 능력, 연산력, 공간지각력, 규칙이해력, 추론 능력, 탐구력, 문제해결력, 유연성 등이 그것입니다. 교육과정평가원이 제시하는 능력보다 좀 더 세분화되어 있는데, 이는 64쪽에서 다시 자세히 설명할 예정입니다.

마지막으로 '지식'이 있습니다. 개념과 원리, 유형과 같이 문제해결의 소재가 되는 지식도 있고, 문제해결전략, 발상법, 발문술과 같은 문제해결의 도구가 되는 지식도 있습니다.

이렇게 문제 해결에 영향을 끼치는 요소들을 한데 묶어 수학적 사고력(줄여서 사고력)이라고 부릅니다. 그래서 그림의 이름도 '수학적 사고력의 피라미드'입니다.

피라미드는 다양한 요소로 구성되어 있습니다. 이처럼 문제를 풀고 지식을 이해하는 데는 여러 가지가 필요합니다. 다시 말해 수학적 사고력은 여러 가지 요소가 상호작용해서 발휘됩니다.

그렇다면 수학적 사고력의 구성 요소들은 어떻게 상호작용할까요?

피라미드에서 중요한 건 아니라 모양입니다. 수학적 사고력을 피라미드로 정리한 건 어디서도 보지 못하셨을 겁니다. 왜 이런 모양으로 만들었을까요? 이 피라미드의 의미는 두 가지입니다.

첫째, 바닥이 탄탄해야 합니다. 물론 피라미드에서 중요하지 않은 부분은 없지만, 기초공사의 중요성이 상대적으로 더 큽니다. 피라미드의 하층이 탄탄하면, 상층에 문제가 있어도 상층만 해결을 보면 됩니다. 하지만 하층이 탄탄하지 않으면 상층을 아무리 잘 지으려 해도 안 됩니다. 즉, 정서와 태도가 잡히지 않으면 능력과 지식이 개발되지 않습니다.

이를 그릇과 음식으로 비유할 수도 있습니다. 어릴 때 지식 학습을 주로 하는 것은 마치 간장 종지에 음식을 가득 담는 것과 같습니다. 아무리 꾹꾹 눌러서 담아도 담을 수 있는 양에 한계가 있습니다. 그릇은 그대로 놔둔 채 고등학생이 된다면 아무리 눌러 담는 기술이 좋아 봤자 소용이 없습니다. 예를 들어서 심화서를 푸는 것이 좋다는 것을 알면 뭐 합니까? 아이가 조금만 어려우면 별표 치고 넘어가 버리니 아무 소용이 없습니다.

세계적인 수학교육자인 조지 폴리아는 수학 정서와 태도의 중요성에 대해 놀라운 통찰을 남겼습니다. <mark>문제 해결을 순전히 머리로만 하는 일이라고 생각하는 것은 잘못이며, 결의와 감정이 중요한 역할을 한다고요.</mark> 또한 낯선 문제를 해결할 때 실패는 필수적이고, 이때 생기는 좌절감을 이겨 내야 해결책을 발견할 수 있으며, 해결책을 찾으려고 노력하는 과정에서 일어나는 갖가지 감정의 변화에 익숙해질 기회를 갖지 못한다면 그 학생의 수학교육은 가장 중요한 점에서 실패한 것이라고 지적했습니다.

폴리아의 이 통찰은 제가 20년 넘게 현장에서 수도 없이 확인했습니다. 그러니 수학교육의 목표는 단순히 지식과 기술을 가르치는 것에 그치면 안 됩니다. 수학 정서와 수학 태도를 바르게 형성하는 데까지 나가야 합니다.

<mark>둘째, 만드는 데 걸리는 시간이 다릅니다.</mark> 피라미드를 보면, 정서와 태도의 덩어리는 능력과 지식의 덩어리보다 더 큽니다. 그릇을 만드는 데 드는 시간은 길게는 일주일까지 걸리지만,

그릇에 담는 요리를 하는 데는 길어 봤자 3시간 남짓 걸리는 것과 비슷합니다.

만약 아이가 고3이라면 그릇을 단기간에 키울 수 없으니 우선 그릇에 내용물을 최대한 많이 담는 데 집중해야 하겠지요. 하지만 아이가 초등이라면? 그릇을 키울 때입니다. 어릴 때는 배워야 하는 지식은 적고, 멘탈을 강화할 여유는 많기 때문입니다. 그것이 장기적으로 볼 때 지식을 가장 많이 담을 수 있는 전략입니다.

그런데 보통 부모들은 완전히 거꾸로 하고 있습니다. 다시 말해 지식을 개발하는 방법만 알고 계십니다. 연산 문제집이나 교과 문제집 등을 열심히 풀게 하면서 아이의 실력이 상승하길 바랍니다. 피라미드의 바닥이 탄탄하지 않으니 하다가 나가떨어집니다.

혹은 어렴풋이 "문제해결력이 중요하대.", "수학적 사고력을 길러야 해."라는 이야기를 들어 봤다면 사고력 수학 학원도 고려해 봤겠지요. 하지만 주변 엄마들에게 물어보니, 사고력 수학 학원을 아무리 오래 보내 봤자 효과가 별로라는 대답을 종종 접했을 겁니다.

정서와 태도에 대한 이야기를 들어서 아는 부모도, 어떻게 해야 정서와 태도가 좋아지는지 구체적인 방법을 모른다는 점이 문제입니다. 좋은 수학 정서와 태도를 기르기 위해서는 '어려운 문제에 도전하여 몇 시간이고 붙들고 끙끙대다가 결국 해결하는 긍정적인 경험'이 필요하다고 하는데, 이를 위해 심화 문제집을 쥐어 줍니다. 결론은? 부상을 당하여 도리어 수학 정서와 태도가 더 나빠지는 역효과를 보게 됩니다. 이미 '《최상위 수학》의 역설'로 설명한 바 있습니다.

 이런 아이러니와 어려움을 어떻게 헤쳐 나가야 할까요?

선행과 심화 사이의 길, 사고력 수학

제목에 있는 '사고력 수학'이라는 단어를 보고, 혹시 이런 생각을 하셨습니까?

"그럼 그렇지! 사고력 수학 학원 원장이 쓴 책이잖아. 대치동에서는 사고력 수학을 많이 하니까, 독자들도 아이 문제해결력을 기르려면 사고력 수학을 하라고 이야기하겠네."

네, 단순하게 보면 맞는 말입니다.

저는 사고력 수학 초창기인 2000년대 초반부터 시매쓰 연구소 연구원, CMS 연구소 부소장을 지내면서 '사고력 수학' 프로그램을 개발하고 수업도 했습니다. 다시 말해 사고력 수학이라는 것을 개발한 초기 멤버 중 하나입니다.

사고력 수학은 어쩌다가 탄생하게 되었을까요? 당사자로서 그 이유와 사고력 수학의 역사를 말씀드리려 합니다.

사고력 수학의 탄생

초기 사고력 수학 프로그램은 모두 20세기에서 21세기로 넘어가는 비슷한 시기에 탄생했습니다. 독자 여러분이 아는 유명 프로그램만 살펴보면 1998년에 CMS, 2000년에 시매쓰, 2001년에 와이즈만과 권현직 박사의 한뉘가 탄생했습니다. (1989년에 시작한 영재교육학술원(현 KAGE)도 사고력 수학인데, KAGE의 초기 프로그램은 영재교육이 목적이었기 때문에 초기의 KAGE는 사고력 수학으로 치지 않습니다.)

이들은 모두 비슷한 문제의식을 가지고 시작했습니다.

"점수를 위해서만 수학을 공부하는 것은 아쉽다. 재미가 없다. 생각하는 힘이 길러지지 않는다. 생각하는 힘을 길러 주어야 한다."

그리고 이런 생각으로 사고력 수학을 만들었습니다.

"깊이 생각하게 만들자. 그래서 아이들로 하여금 생각하는 힘을 기르게 하자.”

이렇게 '생각하는 힘'이라는 목표는 비슷했지만, 내세운 해결책은 저마다 다릅니다.

CMS와 한뉘가 찾은 해결책은 지식탐구입니다. 지식탐구 프로그램은 고학년 교과 수학, 경시 수학, 교양 수학의 내용을 학생 눈높이에 맞게 가공해서 학생이 스스로 지식을 탐구하게 만드는 형태입니다. 새로운 지식을 강의식으로 주입하지 않고 스스로 탐구하게 하면, 학생이 깊이 생각하게 된다는 해결책입니다. 배운 개념과 원리를 나중에 활용할 수 있고, 사고력 중에서도 탐구력과 학습 능력을 개발하는 데 특히 강점이 있습니다.

한편 시매쓰가 찾은 해결책은 교구활동입니다. 교구활동 프로그램은 교구나 퍼즐, 게임 등을 이용해서 학생이 주도적으로 활동하면서 개념과 원리를 탐구하거나 문제를 해결하는 방식입니다. 활동을 이용하면 학생이 깊이 생각하도록 만드는 효과가 큽니다. 학생이 주도해서 활동하므로 자연스럽고도 즐겁게 머리를 쓰게 됩니다. 그래서 학생이 생각하기를 좋아하게 되며, 어려운 문제를 만나도 편하게 이것저것 시도하는 장점이 있습니다. 전문 교구를 이용하니까 논리력이면 논리력, 연산력이면 연산력처럼 목표로 하는 능력을 전문적으로 개발할 수도 있습니다.

사고력 수학이라는 이름은 "교과 수학이 아닌 것은 알겠어.

그럼 어떤 수학이야?"라는 질문에 대한 대답입니다. 생각하는 힘을 기르는 것이 사고력 수학의 가장 중요한 목표라는 점이 반영된 것이지요.

사고력 수학 교실은 재미있다

사고력 수학은 그때까지의 수학 수업에 대한 편견을 전부 깨 버렸습니다. 수업을 듣는 학생들의 표정에서부터 차이가 났습니다. 교과 수업을 할 때는 조용하고 얼굴이 무표정합니다. 반면 사고력 수학 수업을 할 때는 얼굴에 생기가 넘치고, 뭔가를 실험하고 관찰하고 토론하느라 떠들썩하니 가르치는 사람 입장에서도 신이 납니다.

교과 수학 수업에서는 선생님이 어떤 개념이나 풀이법을 가르친 뒤 학생들은 그것을 반복하여 익힙니다. 학생들의 호기심이나 질문은 거의 없습니다. 질문이라고 해 봐야 "선생님, 이 문제 어떻게 풀어요?", "이게 무슨 뜻이에요?"와 같은 수동적인 질문뿐입니다. 이렇게 주입식으로 공부한 아이는 개념도 소화하기 힘들고, 사고력이 개발될 기회도 없습니다. 무엇보다 공부가 즐겁지 않습니다. 어렴풋한 암기만 남습니다. 점수를 위해 억지로 공부하는 쓴맛만 남습니다.

반면에 사고력 수학 수업은 탐구 과제만 던져 놓고 "왜 그럴까? 어떻게 하면 될까? 이렇게 하면 어떤 일이 벌어질까?"와 같은 발문을 던지는 형식으로 구성되어 있습니다. 이들 발문은 호기심을 불러일으키고 생각의 길잡이 역할을 합니다. ==아이들은 발문을 따라 스스로 생각해 보고, 시행착오를 거치며, 자신만의 풀이를 찾아갑니다. 그리고 서로 생각을 나누며 토론합니다.== 아이들이 적극적일 수밖에 없습니다.

일방적으로 가르치면 5분이면 끝날 수업을 50분 동안 진행합니다. 겉으로 보면 어떤 지식을 배운다는 결과는 차이가 없습니다. 오히려 더 적은 지식을 배우니, 시간 낭비 같기도 하지요.

하지만 머리와 가슴은 큰 차이가 납니다. '왜?'와 '어떻게?'라는 질문을 던지고 그 답을 찾으면서 공부한 아이는 스스로 생각하게 됩니다. 자기 힘으로 답을 찾은 아이는 생각하는 맛을 느끼고 자신감이 생깁니다. 개념을 완전히 자기 것으로 소화합니다. 이렇게 공부하면 공부가 즐겁습니다. 공부의 맛이 납니다. 그렇게 사고력 수학이 시작되었습니다.

사고력 수학 하면
뭐가 좋은데요?

수학 문제집을 낑낑대며 푸는 아이를 보면서 이런 생각, 한 번쯤 해 봤을 겁니다.

'애가 좀 재미있어 한다고 해서, 굳이 시간과 돈을 들여 사고력 수학까지 해야 할까? 학교 진도 따라가기도 벅찬데 말이지.'

이는 아이를 향한 깊은 사랑과 책임감에서 비롯된 지극히 합리적인 질문입니다.

게다가 생각보다 많은 사람들이 사고력 수학에 부정적인 것을 보고 마음이 흔들리기도 합니다. 사고력 수학은 이름 거창

하게 지어서 부모들 낚은 거다, 교과서랑 효과가 다르지 않다, 그 시간에 선행을 해라 등등.

만약 아이가 풀어야 할 모든 문제가 이미 배운 유형의 반복이라면 교과 수학만으로도 충분할지 모릅니다. 하지만 우리 아이들이 살아갈 세상의 규칙은 바뀌고 있습니다.

고교학점제에서 살아남으려면 사고력 수학이 필요하다

'고교학점제'의 본격적인 도입은 그 거대한 변화의 신호탄입니다. 이제 우리 아이들은 정답을 외우는 것을 넘어, 자신의 생각을 발표하고, 글을 쓰고, 프로젝트를 통해 결과물을 만들어야 합니다. 정답만 낸다고 다가 아니라 정답에 이르는 다양한 길을 제시할 줄 알아야 한다는 뜻이지요. 그렇기에 단순히 만들어진 지도를 외우는 능력만으로는 부족합니다. 어떤 낯선 지형에서도 길을 찾을 수 있는 나침반과 항해술이 필요한 시대가 온 것입니다. 입시의 변별력 역시 단 한 번도 본 적 없는 '낯선 문제'에서 나옵니다.

사고력 수학은 아이의 머릿속에 더 많은 지식을 구겨 넣는 공부가 아닙니다. 어떤 지식이든 효율적으로 처리하고 유연하게 활용할 수 있도록 생각의 시스템 자체를 바꾸는 훈련입니다.

어려운 문제를 만나면 아이 머릿속이 하얗게 되는 이유는, 한정된 작업대 위에 너무 많은 정보가 올라와 과부하가 걸리기 때문입니다. 사고력 수학은 그림을 그리고, 정보를 쪼개는 등의 훈련을 통해 이 작업대를 넓고 효율적으로 사용하는 법을 가르칩니다.

한 가지 풀이법만 배운 아이는 망치만 든 목수와 같습니다. 모든 문제를 못으로만 보고, 망치질이 통하지 않으면 쉽게 포기합니다. 하지만 사고력 수학으로 다양한 각도에서 문제를 바라보는 훈련을 한 아이는, 막힐 때마다 드라이버나 펜치 등 새로운 연장을 꺼내 쓰는 유연성을 갖추게 됩니다.

여기에서 파생되는 것이 문제를 푸는 각종 전략들입니다. 경우를 나누어 공략하는 전략, 거꾸로 생각하는 전략, 실험하고 실험 결과를 체계적으로 기록해서 규칙을 찾는 전략, 그림을 그려서 정보를 통합하는 전략, 아이디어를 떠올리는 발문술 등이 그것입니다. 이 역시 아이의 수학 연장통에 넣으면 끝까지 도움이 되는 것들입니다.

또 다른 입시의 중요한 포인트가 바로 수행평가와 서술형 평가입니다. 중학교와 고등학교에서는 지필고사와 수행평가의 비중이 6 대 4고, 지필고사 중에서 서술형 평가가 전체의 30%~50%입니다. 그러니 수행평가와 서술형 평가를 합치면 전체 성적의 절반이 훌쩍 넘습니다. 이제 고교학점제에서는 이 비중이 더 높아집니다.

수행평가와 서술형 평가가 이렇게 확대되는 이유가 무엇일까요? 수행평가와 서술형 평가의 근본 취지를 알아야 합니다. 수행평가와 서술형 평가가 확대되는 이유는 학생의 탐구력과 논리력을 개발하려는 것입니다. 그리고 문제는, 현재의 교과 수학 교육방식으로는 이런 경험을 하기 힘들다는 데 있습니다.

사고력 수학에서는 교과 수학에서 하지 못하는 경험을 합니다. 학생들은 추측하고, 확인하고, 가설을 수정하기도 하고 필요한 지식을 조사하기도 합니다. 그 결과로 얻게 된 새로운 정보를 기존의 지식체계에 통합하고, 새로운 지식을 논리적으로 입증합니다. 새롭게 구축한 지식을 발표하고 다른 학생과 토론합니다. 호기심-추론-탐구-논증-발표-토론-학습이라는 탐구 학습의 사이클이 사고력 수학에서는 적극적으로 돌아갑니다.

이처럼 공식을 스스로 증명하고 모든 풀이 과정을 논리적으로 서술하게 하는 사고력 수학 특유의 훈련은, 서술형 및 수행평가가 전면적으로 확대되는 미래 입시를 위한 완벽한 예행연습입니다. 단순히 문제를 푸는 것을 넘어 '생각하는 힘'과 '설명하는 능력'을 길러 주는 것. 이것이 사고력 수학의 힘입니다.

예를 들어 보겠습니다. 다음은 저희 학원에서 수업 시간에 학생들에게 제시하는 활동입니다.

주머니에 검은 돌 2개와 흰 돌 1개가 있습니다. 눈을 감고 주머니에서 돌을 2개 꺼낼 때 같은 색이면 이기고 다른 색이면 집니다. 이 게임은 이길 가능성과 질 가능성이 똑같은 공정한 게임입니까? 왜 그렇다고 생각합니까?

이 주머니에 돌을 1개 더 넣어서 공정한 게임이 되도록 만들려면 무슨 색깔의 돌을 넣어야 합니까? 검은 돌을 넣은 경우와 흰 돌을 넣은 경우를 각각 그림으로 그려서 알아보시오.

내 입장을 정하려면 탐구해야 하고, 토론하려면 객관적인 논리를 만들어야 합니다. 서로 이야기하고 생각을 나누며 자신의 생각을 하나하나 정확하게 짚을 수 있습니다. 이 과정에서 새로운 지식을 확실히 내 것으로 만들 수 있습니다.

이처럼 사고력 수학은 문제를 풀 때 배우고 따라 하는 방식이 아니라 스스로 추리하고 논증해서 문제를 풀게 합니다. 풀이 과정을 다 설명하게 만듭니다. 아, 학원 수업이라 이런 게 가능하다고요? 집에서 혼자 하는 사고력 문제집을 살펴보십시오. 이러한 생각을 굴리는 문제들로 구성되어 있습니다.

어떻습니까? 희미하게 기억나는 비슷한 풀이를 얼기설기 엮어서 문제를 푸는 아이와, 친구와 싸워 가며 내 풀이를 논리적으로 정리하고 이야기한 아이. 둘 중 누가 서술형 문제를 더 잘 풀고, 수행평가를 더 잘할까요? 답은 명확합니다. 이처럼 사고력 수학은 중학교 내신, 나아가 고등학교 입시에까지 영향을 끼칩니다.

수학 잘하는 핵심 열쇠, 과제집착력

아이는 유독 수학 앞에서, 어려운 문제 앞에서 쉽게 무너지곤 합니다. 그 모습은 여러 가지 얼굴로 나타납니다.

어려워 보이면 일단 별표부터 치고 다음 문제로 도망가고 맙니다. 혹은 잘하고 싶은 마음에 도전은 하지만, 문제가 잘 안 풀릴 때마다 짜증 내고 울면서 스스로가 똑똑하지 않은 탓이라며 자책하기도 합니다.

이 모든 문제의 핵심에 바로 과제집착력이 있습니다. 과제집착력이란 쉽게 말해 끈기입니다. 하지만 단순히 끈기가 아닙니다. ==과제집착력은 어려운 문제 앞에서 '난 안 돼'라며 주저앉지 않도록 지켜 주는 마음의 갑옷이자, 스스로의 힘으로 문제를 해결했을 때의 짜릿한 성취감을 맛보게 하는 성장의 엔진입니다.== 과제집착력이 좋은 아이들은 어려운 문제를 만났을 때도 포기하지 않고 계속 문제에 매달립니다. '어렵지만 나는 해낼 수 있어. 이 문제를 풀면 나는 더 성장할 거야.', '지금은 실패해도 노력하면 할 수 있어.'라는 성장 마인드셋과 자기 확신이 있습니다.

어려운 문제를 푸는 힘을 기르려면 어려운 문제를 혼자 힘으로 푸는 시간이 필수입니다. 따라서 많은 학원이나 부모들이 심화 문제집을 풀립니다. 아이가 포기하면 문제집의 난이도를 스몰 스텝으로 잘게 쪼갭니다. 혹은 끈질기게 생각하라고 설득(잔소리)하거나 보상을 걸기도 합니다. 문제를 혼자 풀 때까지 붙잡아 두는 학원도 있을 정도입니다. 하지만 이 방식으로는 한계가 있습니다.

이 문제를 근본적으로 해결하려면 과제집착력을 길러야 합니다. 그리고 과제집착력을 기르는 전문 프로그램이 바로 사고력 수학입니다. 진도 때문에 여유가 없는 교과 수학이 줄 수 없는 선물이지요.

공부하는 맛

이것이 아마 가장 중요하고 근본적인 이유일 것입니다. 사고력 수학은 아이의 '수학 정서'를 바꿉니다.

 사고력 수학은 게임, 퍼즐, 교구 활동을 통해 아이들이 어렵지만 해 볼 만한 도전에 즐겁게 참여하도록 유도합니다. 자기 힘으로 문제를 해결했을 때 느끼는 짜릿한 성취감은 "나는 노력하면 해낼 수 있다!"라는 성장 마인드셋을 길러 줍니다. 교과 수학에서는 틀리는 것이 곧 '실패'지만, 사고력 수학에서는 '다른 방법을 시도하는 멋진 실험'일 뿐입니다.

 이러한 경험이 쌓인 아이는 낯선 문제 앞에서 실패를 두려워하지 않고, 오히려 호기심을 갖고 다양한 탐색을 시도하는 용기를 갖게 됩니다. 사고력 수학은 아이들의 마음속 수학을 '이겨내야 할 적'에서 '즐거운 탐험'으로 바꿔줍니다. 이것이야말로 어떤 사교육으로도 살 수 없는 '공부하는 맛'이라는 절대반지입니다.

각종 능력 개발

사고력 수학을 하면 능력의 여러 영역이 향상됩니다. 낯설고 어려운 문제를 잘 풀려면 관련된 개념이나 문제 유형도 알아야 하지만 논리력, 공간지각력, 추론 능력, 규칙이해력 등의 능력도 필요합니다.

사고력 수학은 단순히 어려운 문제를 푸는 것이 아니라, 아이의 머릿속에 있는 다양한 생각의 근육을 체계적으로 단련시키는 과정입니다. 마치 헬스장에서 부위별로 근육을 키우듯, 사고력 수학은 수학 문제를 푸는 데 필요한 핵심 능력들을 길러 줍니다.

사실 사고력 수학 프로그램을 제대로 활용하려면 핵심 능력에 무엇이 있는지 알아야 합니다. 마치 체력훈련 프로그램을 만들 때 지구력을 개발하려는지, 근력을 개발하려는지, 민첩성이나 유연성을 개발하려는지에 따라서 프로그램 내용이 달라지는 것과 같습니다.

문제는, 능력 대부분이 선생님이 지식을 일방적으로 전달하는 전수 학습 방식의 교과 수학만으로는 충분히 길러지기 어렵다는 점입니다. 교과 수학은 정해진 지식을 배우고 익히는 데 최적화되어 있지만, 아이가 스스로 길을 찾는 탐구 학습의 기회는 절대적으로 부족합니다. 마치 코치님이 운동하는 영상을 아무리 봐도 내가 역기를 들지 않으면 내 근육이 안 커지는 것과 같습니다.

게다가 능력은 절대로 벼락치기가 안 됩니다. 능력에 대한

능력의 종류

과제집착력	어려운 과제를 해결할 때까지 끈기 있게 매달리는 힘
유연성	한 가지 풀이법에 갇히지 않고 생각을 말랑말랑하게 전환하는 힘
연산력	수의 성질을 이해하여 식을 더 간단하고 효율적으로 다루는 힘
공간지각력	도형을 보지 않고 머릿속으로 돌리고, 자르고, 붙이는 등 다양한 상상을 하는 힘
규칙이해력	여러 정보 속에 숨겨진 패턴과 원리를 발견하고 활용하는 힘
논리력	복잡한 정보를 체계적으로 조직하여 가장 효율적인 해결 경로를 찾는 힘
추론 능력	아는 것을 바탕으로 실마리를 추측하고, 해결책을 발견하는 힘
수학적 이해 능력	배운 지식을 온전히 자기 것으로 만들어 기본 문제를 해결하는 힘
문제해결력	낯선 '킬러 문제'를 아는 개념들을 조합하여 스스로 해결하는 최상위 힘
탐구력	정해진 길이 없는 막막한 문제 앞에서, 스스로 실험하며 파고드는 힘

가장 뿌리 깊은 오해가 이것입니다. 문제해결력 같은 능력도 지식처럼 고등학교 때 집중적으로 공부하면 될 것이라고요. 하지만 이는 아이의 성장 원리를 오해한 것입니다. 지식은 시간을 2배로 투자하면 2배로 빨리 학습할 수 있지만, 능력은 시간을 2배로 투자해도 2배로 빨리 개발되지 않는다고 했죠? 그러니 초등학생 때 능력을 미리미리 개발해 두어야 한다고요.

초등 때 능력을 개발해야 할 또 다른 이유가 있습니다. 내신, 수행평가, 비교과 활동 등 우리 고등학생들은 너무나 바쁩니다. 수학 문제 하나에 몇 시간씩 몰두할 시간적·심리적 여유가 절대적으로 부족합니다. '나중에'라는 말은 사실상 '영원히 안 하겠다'라는 말과 같습니다. 상대적으로 가장 여유로운 초등 시기야말로 이 소중한 생각 근육을 기를 수 있는 거의 유일한 골든 타임입니다.

심화나 교구만 하면 되지, 굳이 사고력 수학까지?

이렇게 질문하시는 분들도 계십니다.

"앞에서 말한 능력들 말이에요. 교과 심화 문제집을 풀어도 기를 수 있는 것들 아닌가요?"

이 질문에 대답하기 위해, 교과 수학을 '테니스 훈련'에 비유해 보겠습니다.

교과서의 기본·응용 문제를 푸는 것은, 포핸드나 백핸드 같은 '개별 기술'을 하나씩 연마하는 것과 같습니다.

하지만 교과 심화 문제는 다릅니다. 그것은 강력한 서브를 넣은 뒤, 상대방의 리턴을 예측해서 달려가 발리를 성공시키는 것과 같은 '복잡한 연속 동작(콤비네이션 플레이)'을 훈련하는 것과 같습니다.

바로 이 지점에서 '기초체력(사고력 수학)'의 중요성이 더욱 명확해집니다. 개별 기술(단순 유형 풀이)은 어느 정도 연습으로 따라 할 수 있습니다. 하지만 여러 기술을 순발력 있게 조합하여 연속 동작(복합 심화 문제)을 성공시키려면 무엇이 필요할까요? 바로 기초체력입니다.

많은 정보를 종합적으로 판단하는 능력(논리력, 추론 능력), 어려운 문제 앞에서 포기하지 않는 정신적 지구력(과제집착력), 어떤 변칙적인 공격이 와도 대처할 수 있는 사고의 유연성, 이것들이 바로 사고력 수학이 길러 주는 핵심적인 기초체력입니다. 기초체력이 없는 선수는 아무리 훌륭한 연속 동작을 배워도, 실제 경기에서는 단 한 번도 제대로 구사하지 못하고 지쳐 쓰러지고 맙니다.

==결국, 교과 심화 공부가 더 어려워지고 복잡해질수록 그것을 감당할 수 있게 하는 사고력 수학이라는 기초체력은 선택이 아==

==넌 필수가 되는 것입니다.== 두 가지는 대체하는 관계가 아니라, 서로를 더 강력하게 만들어 주는 보완 관계입니다.

물론 교과 심화 문제 역시 지식학습 외에 문제해결력을 기르는 것도 목적으로 합니다. 하지만 전문성이 떨어지고, 교습자의 개인기에 너무 크게 의존해서 불안정합니다. 반면 사고력 수학은 전문 체력훈련이라고 할 수 있습니다.

그러니 교과 심화 문제를 잘 풀기 위해서라도, 심화 문제집만 푸는 것보다 심화 문제집과 사고력 수학을 병행하는 것이 더 좋습니다.

한편 부모표 공부의 대명사로 자리 잡은 잠수네가 낸 책들에서는 '사고력 수학을 하지 말라'라고 충고합니다. 대신 권하는 것이 보드게임, 연산, 퍼즐, 독서 등입니다. 그런데 이것들이 바로 사고력 수학에서 개발하고자 하는 정서, 태도, 능력의 일부를 형성하게 돕습니다. 즉 말은 달라도 추구하는 목표는 잠수네의 플랜과 사고력 수학이 같습니다. 그런데 사고력 수학은 목표를 더 쉽고 정확하게 달성할 수 있도록 전문가가 공을 들여 개발했습니다. 시키지 않을 이유가 어디에 있을까요?

번뜩이는 문제해결력은 흔한 편견처럼 '신내림'을 받듯이 발현하는 게 아니라, 꾸준한 '농사'의 결과에 더 가깝습니다. 그리고 사고력 수학은 밭을 갈아 줍니다.

대치동이 사고력 수학을 선택한 이유

 사고력 학원 원장으로서 "실제로 입시에서 사고력 수학을 한 아이와 안 한 아이 사이에 차이가 있느냐?"라는 질문을 많이 받습니다.

 당연한 말이지만, 입시에는 사고력 수학 외에도 다른 변수가 너무 많아서 사고력 수학 하나만으로 입시 성공과 실패가 갈리지는 않습니다. 하지만 한 가지 확실한 사실은 있습니다. 강남, 서초 등 교육특구에서는 사고력 수학을 다른 지역보다 더 많이 시킨다는 사실입니다. 돈이 많으니까 그럴까요? 아무리 돈이 많아도 시간이 돈보다 훨씬 중요하므로 절대 허투루 선택하지 않습니다.

입시 실적이 가장 좋은 강남 지역 아이들은 다른 지역보다 사고력 수학을 수강하는 비율이 높습니다. 인구 290만 명인 인천에 소마 사고력 수학 학원이 10개 있습니다. 인구 59만 명인 강남구에 소마 사고력 수학 학원이 2개 있습니다. 그런데 강남구 소마학원 재원생이 인천 전체 재원생보다 몇 배나 더 많습니다.

==이처럼 객관적인 데이터를 보더라도 수능 수학 성적이 좋은 지역의 부모들이 사고력 수학을 중요하게 여기고, 일찍부터 교육한다는 걸 알 수 있습니다.==

그런데 사실 교육특구에서 사고력 수학을 선택한 이유는 시기마다 약간씩 다릅니다. 사고력 수학은 교육특구의 니즈에 따라 시기별로 변신에 변신을 거듭해 왔으며, 그렇게 탄생한 많은 사고력 수학이 현재 시장에 혼재하고 있습니다. 즉 앞서 언급한 초창기 사고력 수학은, 사고력 수학의 한 종류가 된 지 오래입니다. 또한 교육특구에서 사고력 수학을 많이 한다는 이유로 단순히 유명세만 좇아 사고력 수학을 선택하면 실패할 가능성이 높다는 뜻이기도 합니다.

따라서 사고력 수학이 어떻게 변화되었고 어떤 프로그램들이 탄생했는지 초창기부터 현재까지 시간순으로 살펴보면, 사고력 수학이라는 이름 아래에 얼마나 다양한 사고력 수학이 있는지 알게 되고, 우리 아이에게 맞는 사고력 수학을 선택하는 데도 도움이 될 것입니다.

사고력 수학, 입시에 도움이 되네?

초창기 사고력 수학은 매우 빠르게 수강생이 증가했습니다. 2002년과 2008년을 비교하면 수강생 수가 4배 가량 많아졌습니다. 2002년 당시 수업료가 월 13~15만 원이었는데 이는 현재 화폐가치로 환산하면 월 30만 원이 넘습니다. 고3도 아닌 초등 저학년이 고작 일주일에 한 번 2시간 수업하는 것을 감안하면, 소수의 소비자만 감당할 수 있는 높은 가격입니다.

부담스러운 가격에도 사고력 수학의 시장 규모가 급격하게 성장한 이유가 무엇일까요? ==실제로 입시에서 학생과 부모들이 사고력 수학의 필요성 또는 유용성에 크게 공감했기 때문입니다.==

2000년도에 7차 교육과정이 시행되면서 과학고나 영재학교, 영재교육원, 혹은 자사고 출신들이 특기자 전형으로 대입에서 유리해짐에 따라 영재교육원과 영재학교 열풍이 불기 시작했습니다. 그런데 전통의 대형 경시학원 출신들을 제치고 신흥

소형 사고력 수학 학원 출신들이 영재교육원과 영재학교에 대거 합격하며 파란을 일으켰습니다.

2000년 전후로 과학고와 자사고에는 경시대회(KMO, 과학 올림피아드, 시·도 경시대회 등) 수상자만 따로 뽑는 특별전형이 있었습니다. 그래서 일찍부터 치열하게 공부하는 초등학생은 유명 대형 경시학원에서 매우 어려운 경시대회 문제집으로 공부했습니다. 교습자도 쉽게 못 풀 정도로 어려운 문제집을 말입니다. 그런데 이 아이들이 영재교육원과 영재학교에 많이 불합격했습니다. 반면에 슬렁슬렁 노는 것같이 공부한 사고력 수학 학원 출신들이 영재교육원과 영재학교에 대거 합격하는 일이 벌어진 것이지요.

영재교육원과 영재학교는 길러진 영재, 가짜 영재를 걸러내기 위해서 입학시험에 창의적인 문제해결력이 필요한 문제를 출제했습니다. 경시학원 출신 학생들은 기존 경시대회 문제 유형을 암기식으로 집중해서 훈련했지만 낯선 문제를 푸는 힘은 약했던 것입니다. 반면에 사고력 학원 출신 학생은 평소에 낯설고 어려운 문제를 스스로 탐구하고 해결하는 경험을 많이 해서, 낯선 문제라도 평소 실력대로 풀 수 있었습니다.

정리하자면 사고력 수학이 그렇게까지 빨리 확산된 데는 영재교육이 인기를 끈 것, 그리고 그 영재교육에서 사고력 수학이 독보적인 성과를 거둔 것이 크게 영향을 미쳤습니다.

사고력 수학의 확산

2010년대 들어서는 상위권 대입을 수학이 결정하게 되었습니다. 그전에는 초등 저학년 때 연산 학습지나 수학 독서·유아 수학·교구 체험 정도로 가볍게 공부했다면, 이제는 초등 때부터 본격적으로 수학 학습에 투자하게 된 것입니다. 그런데 초등이 교과 수학을 많이 공부하는 것은 매우 어려운 일이기에, 초등이 수학 학습에 도움이 되는 해결책이 필요해졌습니다. 이때 사고력 수학이 등장했습니다.

이 시기에는 사고력 문제집들이 쏟아져 나왔습니다. 사고력 문제집은 수학적 사고력 중에서 창의적 문제해결력을 기르는 것에 특화된 교재로, 사고력 수학이 좋은 건 알겠는데 가격이 부담스럽다는 부모들을 위한 대중 프로그램이라고 할 수 있습니다. 가장 대표적인 것이 시매쓰의 《1031》이고, 이후에 《팩토》,《필즈수학》,《노크》,《최상위 사고력》 등의 사고력 수학 전문 교재가 출판되었습니다. 사고력 수학의 가격을 획기적으로 낮추어 부모들이 사고력 수학을 널리 받아들이게 만든 주역 중 하나입니다.

한편 팩토에서는 플레이팩토라는 사고력 수학 교구와 워크북 패키지를 만들었는데, 이를 구입하면 전문가가 아니라도 사고력 수학을 수업할 수 있게끔 만들어졌습니다. 덕분에 멀리까지 사고력 수학 전문 학원을 찾아가지 않고도 집이나 가까운 교습소에서 사고력 수학을 쉽게 만날 수 있게 되었습니다. 플레이팩토 이후에 차세대 사고력 수학 교구 패키지로 씨투엠과 슈필마테 등이 있습니다. 이들은 기존에 있던 가베, 은물, 오르다와 같은 유아 수학 프로그램을 대체하면서 주류 시장에 안착했습니다.

사고력 수학의 변신

2010년대 중후반부터 입시에 큰 변화가 찾아왔습니다.

첫째, 정시 확대와 수능의 변화가 경시 수학의 가치를 희석시켰습니다. 문재인 정부 시절 명문 대학의 정시 비중이 40% 이상으로 확대되고, 수능에서 소위 '킬러 문항'이 줄어들면서 판도가 바뀌었습니다. 소수의 영재만 풀 수 있는 초고난도 문제 해결 능력보다, 방대한 고등 교육과정을 얼마나 깊고 탄탄하게 이해했는지가 더 중요해진 것입니다. 여기에 의대 열풍이 불며 영재고 진학보다는 수능과 내신에서 안정적인 고득점이 더 매력적인 카드가 되었습니다.

둘째, 고등학교에 가서 '공부할 시간'이 사라졌습니다. 수능과 학생부를 동시에 챙겨야 하는 지금의 고등 최상위권 학생들은 수학만 붙들고 있을 여유가 없습니다. 다른 과목 공부와 산더미 같은 수행평가를 감당하려면, 수학은 이미 완성된 상태여야만 합니다. 나아가 전면 확대될 고교학점제는 이러한 필요를 더욱 절실하게 만듭니다. 미적분Ⅱ를 미리 이수하지 않은 학생이 '고급 미적분'과 같은 심화 과목을 수강하는 것은 불가능하기 때문입니다.

셋째, 의대 열풍이 거세졌는데 영재고나 과학고에서 의대에 진학하는 데 장애물이 많아졌고, 그러면서 영재고와 과학고에 대한 수요가 줄어들었습니다.

이러한 입시 환경의 변화에 따라서 극상위권이 되려면 예전처럼 수능에 영재 수준의 수학적 사고력보다는 적당히 뛰어난 수학적 사고력이면 충분해졌고, 교과 수학을 전보다 더 빠르게 선행학습한 뒤에 몇 번이고 반복해서 심화를 하는 것이 더 유리한 상황이 되었습니다.

이에 맞추어 새롭게 떠오른 수학 로드맵은 시간을 지체하지 않고 선행 위주로 나가는 것이 핵심입니다. 늦어도 중학교 3학년이 시작되기 전까지 고등 수학 전 과정을 끝내 수능과 내신에서 압도적인 우위를 확보하는 것. 이것이야말로 극상위권이 되는 가장 확실한 전략이 되었습니다.

바꾸어 말하면 초등 저학년 때부터 선행을 하는 것이지요. '어릴 때는 사고력 수학, 크면 교과 수학'이라는 공식이 많이 약해졌습니다.

그런데 문제는, 앞에서 이미 언급했습니다. 극히 일부의 학생을 빼고는 어린 학생이 교과 수학을 빠르게 많이 공부하기 어렵습니다. 고학년 과정으로 갈수록, 문제가 어려울수록 더욱 그러합니다.

여기에 사고력 수학이 파고들었습니다. 사고력 수학을 이용해서 교과 수학 선행을 돕는 것입니다. 전통적인 교과 수학의 교육 방법은 어린 학생이 적응하기 힘들지만, 사고력 수학은 학생이 재미있게 공부할 수 있다고 했지요. 따라서 사고력 수학의 교육 방법을 이용하면 특출한 소수의 영재가 아닌 학생이라도 어린 나이에 교과 수학을 많이 공부하고 심화문제까지 학습할 수 있는 에너지를 공급할 수 있습니다.

대표적인 예가 필즈더클래식입니다. 사고력 수학에 교과 수학의 비중을 확 높였습니다. 그리고 더 어린 나이에 수학에 투자하는 시간도 비약적으로 늘었습니다. 전에는 초등 1, 2학년일 때 수학 학원 수강 시간이 2시간 주 1회가 표준이고 경시대비 같은 특별한 시기에만 주 2회 수업을 수강했습니다. 그런데 이 시기에 필즈더클래식을 비롯해서 몇몇 프로그램에서 상위권 중심으로 초등 1학년부터 3시간씩 주 2~3회 수업을 도입합니다.

그 외에도 시매쓰 AP, 사고력 수학 가맹점을 겸하는 일반 교과 학원에서도 비슷하게 사고력 수학을 교과 수학 선행학습과 심화학습에 활용합니다.

이처럼 사고력 수학을 수학 학습에 활용하는 방식은 어린 나이에 선행학습을 많이 할 수 있게 만들면서 사고력 수학 시장에서 치고 올라오고 있습니다.

대치동 상위권을 누테 학원이 휩쓰는 이유

사실 사고력 수학이 여전히 대치동에서 가장 중요한 위치를 차지하고 있는 데는 현실적인 이유가 아주 큽니다. 바로 입시의 중간 단계를 담당하는 '좋은 학원'에 진학하기 위해서입니다.

혹시 '누테 학원'이라고 들어 보셨는지요? 초등 5학년부터 중학 2학년까지는 누테 학원을 보내는 것이 대치동의 표준이 되어 가고 있습니다. 한때 최상위권 학생이라면 초등 1학년부터 영재고와 KMO(한국수학올림피아드)의 길을 가던 시대는 저물고, 그 자리를 '누테 학원'이라는 새로운 이름이 채우고 있습니다. 생각하는 수학(생수), 원수학, 돌파, 이든 등등입니다. 이들은 단순한 학원이 아니라, 대치동의 성공 방정식을 다시 쓰고 있는 하나의 현상입니다. 도대체 무엇이 초등학교 5학년부터 중학교 2학년에 이르는 상위권 학생들을 이곳으로 이끌고 있는 것일까요?

'누테'라는 이름은 이들 학원의 가장 본질적인 특징인 '누적 테스트'에서 비롯되었습니다. 매 수업, 학생들은 그날 배운 내용뿐만 아니라 처음부터 지금까지 공부한 모든 범위에서 시험을 봅니다.

이 방식은 고등부 내신 시스템에서 유래했습니다. 진도를 나갔으면 끝이다 식의 공부가 아니라, 단 한 방울의 지식도 새어 나가지 않도록 확인하고 다지는 과정입니다. 이 촘촘한 시스템 위에서 학생들은 약 2년 반이라는 시간 동안 고등 수학 전 범위(기하 제외)를 완성합니다.

그 깊이도 대단합니다. 모든 공식은 암기가 아닌 증명을 하게 시킵니다. 《기본정석》뿐만 아니라 《실력정석》까지 공부하며, 대치동의 살벌한 내신 기출문제와 수능 최고난도 문제까지 공부합니다. 이 과정을 마친 중학생 중에는 당장 수능을 보거나 대치동 명문고 내신 시험을 쳐도 상위 등급을 받는 학생이 있을 정도입니다. 이것은 '선행학습'이 아니라 고등 과정을 미리 '완성'하는 것입니다. 과거의 일반적인 선행 학원이 '미리 공부해 두면 고등학교 가서 편하다'라는 막연한 기대를 팔았다면, 누테 학원은 '미리 완성해 놓지 않으면 고등 최상위권이 불가능하다'라는 현실적인 필요를 파고들었습니다.

누테 학원은 대치동의 정교한 교육 사슬에서 가장 중요한

'허리' 역할을 맡고 있습니다. 5세부터 초4까지의 수학교육의 바통을 이어받아, 중3부터 시작될 본격적인 최상위권 내신 전쟁을 위한 가장 강력한 무기를 쥐어 주는 핵심 단계가 된 것입니다.

영재고와 경시 수학의 길을 걷던 최고 수준의 학생들이 누테 학원으로 발걸음을 옮긴 이유는 '늦어도 중학교 3학년이 시작되기 전까지 고등 수학 전 과정을 끝내 수능과 내신에서 압도적인 우위를 확보하는 것'이 최고의 입시 전략이 되었기 때문입니다. 가장 똑똑한 학생들이 가장 효율적인 길을 찾아 움직이기 시작한 것이죠. 그 결과가 입시로 증명이 되고 있습니다.

그런데 생각해 보십시오. 초등 5학년 아이가 깊이 있게 중고등 과정을 공부하려면? 능력에 맞지 않는 선행이나 심화를 진행하다가 다친 아이들의 사례가 머릿속에 스쳐 지나가지 않으십니까? 누테 학원에서 살아남으려면 아이의 역량이 그만큼 받쳐 줘야 합니다. 여기서 말하는 역량이란 지식이 아닙니다. 지식은 학원에서 가르쳐 주는 것이고요. 수학 정서, 태도(특히 엉덩이의 힘), 각종 능력이라는 역량이 아주 탄탄하게 준비가 되어 있어야만 누테 학원의 수업을 따라갈 수 있습니다.

이것이 예비 초등(6~7세) 때부터 대치동에서 계속 사고력 수학을 시키는 이유입니다. 앞서 살펴봤다시피 수학 정서, 태도, 능력은 단기간에 끌어올리려 해도 끌어올려지지 않습니다. 준비되어 있는 아이만이 누데 학원의 커리큘럼을 따라갈 수 있고, 그 준비는 사고력 수학이라는 가장 강력하고 효율적인 도구로 하는 것이 현재 대치동의 일반적인 풍경입니다.

생각하는 황소에서 입학 시험을 그렇게 내는 이유

정말 사고력 수학을 하면 그런 학원에 잘 입학하고 따라갈 수 있느냐? 강력하고 현실적인 증거가 있습니다. 바로 대한민국에서 가장 치열하기로 소문난 '생각하는 황소'의 입학시험입니다.

생각하는 황소의 입학시험은 지식을 평가하지 않습니다. 대신 사고력 문제를 출제합니다. 그들은 왜 지식의 양이 아니라 아이의 사고력을 평가할까요? 그들 역시 알고 있기 때문입니다. 진짜 최상위권의 실력은 지식을 많이 아는 것을 넘어, 그 지식을 바탕으로 스스로 생각하는 힘, 그리고 어려운 문제 앞에서 좌절하지 않는 마음의 힘에서 나온다는 사실을 말입니다.

황소 수학의 입학 시험은 우리에게 묻고 있습니다. "당신의 아이는 혼자 끈기 있게 깊이 생각하는 힘든 '운동'을 할 준비가 되어 있습니까?"

사고력 수학을 한 아이는 학원에서 적응도 잘합니다. 황소는 미션 문제를 혼자의 힘으로 다 풀어야 하원할 수 있는데, 생각을 전개하고 정리하고 수학 실력을 늘리는 데 큰 도움이 되는 프로그램입니다. 하지만 그 난이도가 만만치가 않아 웬만하면 나가떨어집니다. 그런데 사고력 수학으로 사고력을 기른 아이는 무난하게 소화하곤 합니다.

여기서 설명한 내용을 좋은 학원에 입학하기 '위해' 사고력 수학을 해야 한다는 뜻으로 오해하면 안 됩니다. 학원은 과정일 뿐이니까요. 좋은 학원에 입학하기 위해 아이들이 어떤 노력을 하고 있고, 그런 우수한 아이들이 어떤 성적표를 받아드는지 현실을 알려 드렸습니다.

미래의 우리 아이 경쟁자들이 어떻게 공부하고 있는지 감이 오십니까? 이쯤 되면 사고력 수학을 무조건 해야겠다는 생각이 드실 겁니다.

사고력 수학의 종류,
구체적으로 알려 드립니다

사고력 수학의 '역사'와 '필요성'을 간략히 살펴봤습니다. 어떻습니까? 사고력 수학이 초창기에 추구하던 '생각하는 힘'을 중심으로 각종 필요가 덧씌워진 모양새라는 생각이 들지 모릅니다. 사고력 수학도 입시라는 현실 앞에 놓여 있기에, 입시에 따라 유행을 타고 새로운 프로그램이 계속 개발됩니다. 사고력이라는 이름으로 묶였지만 프로그램마다 특성이 조금씩 다르지요. 그래서 사고력 수학의 필요성에 공감하고 사고력 수학에 대해 알아보기 시작한 많은 부모들이 당황하곤 합니다.

이 중 어떤 사고력 수학을 선택해야 우리 아이에게 좋을지 알기 위해서는 각 사고력 수학을 알아보는 것이 먼저입니다. CMS 연구소 부소장, 시매쓰 연구소, KMO 학원 강사, 대치동 출신 20년 경력자가 정리해 드립니다.

사고력 수학 프로그램이 가져다 주는 주된 교육 효과는 크게 다섯 가지입니다.

- 정서·태도 개발
- 능력 개발
- 선행학습
- 문제풀이(문제해결력)
- 탐구경험

이를 기준으로 사고력 수학 프로그램의 유형을 5개로 나누었습니다. 제가 효과와 방법을 참고해서 임의로 분류한 것으로, 사고력 수학을 선택하는 데 크게 도움이 될 것입니다.

문제풀이 사고력

영재교육원 입학시험인 '창의적 문제해결력 검사' 기출문제 유형을 주제별로 묶은 형태입니다. 사고력의 한 영역인 문제해결력을 기르는 데 특화된 프로그램입니다. 보통 상위권 학생 위주로 교과 심화 문제집 대체용 또는 병행용으로 많이 선택합니다.

이 문제풀이 사고력 때문에 많은 사람들이 '사고력 수학은 영재교육이고, 심화 수학의 한 갈래다'라고 오해하곤 합니다. 심지어 수학교육계에서 유명한 선생님조차 이렇게 이야기하는 것을 봤습니다. 구체적으로는 "사고력 수학은 심화 수학의 한 갈래다. 초2한테 초6 과정의 쌓기나무 같은 문제를 풀게 시킨다. 이건 소수 영재를 위한 교육이지 보통 아이들에게 맞는 교육이 결코 아니다."라고 하시더군요.

이런 '사고력 수학=영재 혹은 심화'라는 오해는 사고력 수학이 낸 성과(?) 때문에 생긴 것이기도 합니다. 앞서 언급했다시피 영재교육 초기에 영재고 또는 영재교육원 입학시험에 심화 수학으로 훈련한 학생들이 우수수 떨어지고 사고력 수학으로 훈련한 학생들이 대거 붙었습니다. 이때 사고력 수학이 영재수학 혹은 심화 수학의 새로운 방법이라는 이미지가 생겼습니다. 그리고 생각하는 황소 입학시험에서 사고력 수학을 한 아이들이 우수한 성적을 거두어 그 이미지가 더 공고해졌고요.

그 선생님은 왜 그렇게 말씀하셨을까요? 아마도 질문한 부모님의 니즈에 맞추어 쉽고 빠르게 설명하려다 보니 설명이 짧아진 듯합니다. 필즈 또는 소마 프리미어, CMS 상위반을 거쳐서 생각하는 황소, KMO, 영재고·과학고로 로드맵을 잡는 학생들에게는 '사고력 수학=영재수학'이 맞는 이야기이기 때문이죠. 또한 보통의 문제풀이 사고력 교재에도 교과 수학이나 경시 수학 문제들이 포함되어 있어서, 교재나 학원을 선택할 때 아이의 상태에 따라 신중해야 하는 게 사실입니다.

하지만 사고력 수학은 심화 수학과 엄연히 다릅니다. 우선 사고력 수학은 윗학년에서 배우는 소재를 사용하더라도, 배경지식이 없어도 머리를 쓸 수 있는 것만 이용합니다. 배경지식을 체계적으로 쌓아야만 도전할 수 있는 문제는 만들지 않습니다. 이것이 심화 수학과의 결정적인 차이입니다. 공교육에서 영어를 초3부터 교육한다는 이유로 7세에 하는 영어 사교육을 영재만 진행해야 한다고 생각하는 부모는 없을 것입니다.

이 문제풀이 사고력을 이용해 문제해결력을 미리 길러 놓으면, 교과 심화 문제집을 공부할 때 더 잘 풀리고 더 어려운 문제집을 풀 수 있습니다. 문제풀이 사고력에는 시판 사고력 문제집(《1031》,《팩토》,《필즈수학》,《3%》,《최상위 사고력》 등등), 시매쓰의 뉴기프티드, 와이즈만의 WMO, 소마의 프리미어 등이 있습니다.

소마 프리미어 프로그램의 교육 효과 비중은 다음과 같습니다. 다른 문제풀이 사고력 역시 이와 비슷하니 참고하면 됩니다.

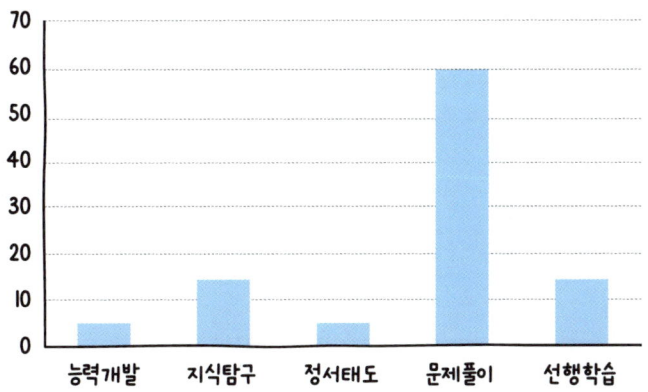

문제풀이(소마 프리미어)

지식탐구 사고력

윗학년 교과 수학의 내용이나, 경시 수학의 내용을 어린이 눈높이에 맞게 가공해서 미리 배우는 형태입니다. 이렇게 배운 개념과 원리를 나중에 유용하게 활용할 수 있고, 탐구과정에서 학습능력을 개발하는 데 강점이 있습니다. 보통 워크북으로 문제해결력을 기르는 활동을 병행합니다.

　CMS의 Why, 시매쓰의 뉴기프티드, 매쓰몽 학원의 수학동화, 와이즈만의 GT-Advanced, 한뉘 등이 있습니다. CMS 프로그램의 5대 교육 효과의 비중은 88쪽과 같습니다.

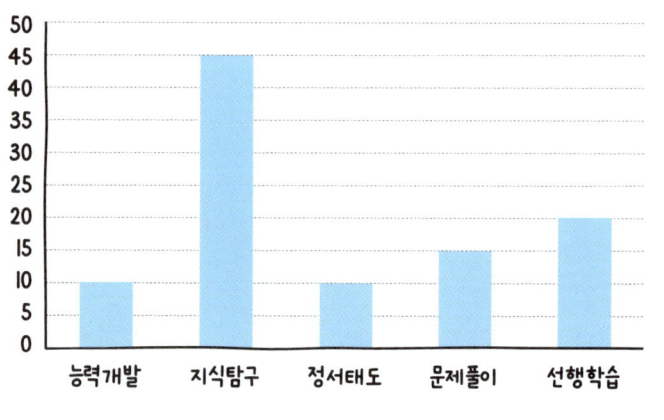

지식탐구(CMS)

이러한 지식탐구 사고력의 효과를 부모표로 얻고 싶다면, 수학 교양도서(추천 도서 목록은 157쪽부터 나옵니다)나 어린이 수학 동아와 같은 잡지를 읽는 방법이 있습니다. 수학 박물관이나 체험전을 방문해도 좋습니다.

교구활동 사고력

교과나 퍼즐 등을 이용해서 학생이 주도적으로 활동하면서 개념과 원리를 탐구하거나 문제를 해결합니다. 수학을 좋아하게 되고 어려운 문제를 만나도 편하게 이것저것 시도해 보는 태도가 길러지며 특정한 능력을 개발하는 데 강점이 있습니다.

제가 5학년 학생들과 중학교 3학년 2학기 A급 수학을 수업할 때 이야기입니다. 이 학생들은 나중에 서울 영재학교나 한국과학 영재학교에 합격한 뛰어난 학생들입니다. 이 학생들은 대체로 도움 없이 가장 어려운 A단계 문제도 잘 풀었습니다. 그런데 피타고라스 정리 단원의 어떤 유형의 문제를 자꾸 틀렸습니다. 제가 가르쳐 줘도 비슷한 유형의 다른 문제를 또 틀리는 겁니다. 성실한 학생들이고 이해력도 좋은데 왜 자꾸 틀릴까? 궁금했습니다.

곰곰이 관찰하다가 자꾸 틀리는 원인을 알았습니다. 복잡한 입체도형을 상상해야 하는 문제였는데 입체도형을 상상할 수 없어서 자꾸 틀렸던 겁니다.

그래서 아예 1시간 동안 진도를 안 나가고 GTG 사고력 수학 교재로 활동을 했습니다. 교구를 이용해서 입체도형을 만들고 자르고 관찰하는 활동이었습니다. 이렇게 공간지각력을 기르고 나니까 그렇게 어려워하던 유형의 문제를 술술 잘 풀었습니다.

이 학생들은 낯선 문제를 푸는 문제해결력은 강했지만 이 문제를 풀 수 있을 만큼 공간지각력이 강하지 않으니까 문제를 못 푼 것입니다. 이처럼 교구활동 사고력은 마치 헬스장의 전문운동기구처럼 특정 분야의 사고력을 집중적으로 개발하는 강점이 있습니다.

교구활동 사고력 수학의 일부를 소개합니다. 부모표로는 씨투엠이나 플레이팩토, 플라토, 가베, 오르다 등이 있습니다. 각종 교구와 퍼즐 역시 비슷한 효과를 냅니다. 학원표로는 시매쓰-NC, 씨투엠, 소마-Ray, 와이즈만-GT 같은 프로그램이 있습니다. 시매쓰-NC 프로그램은 5대 교육 효과의 비중이 다음과 같습니다.

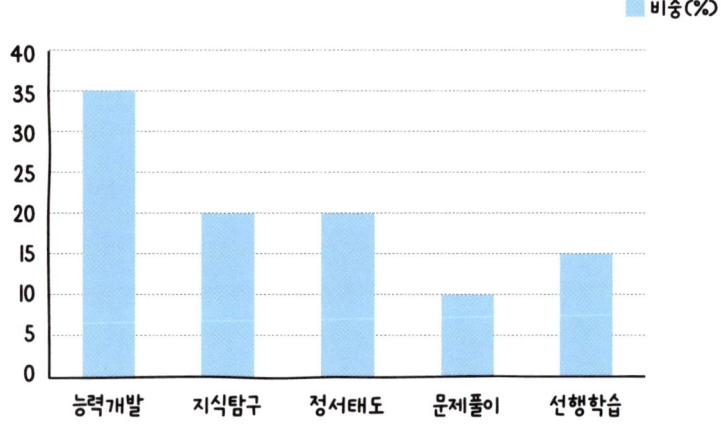

교구활동(시매쓰-NC)

교과연계 사고력

상위 학년에서 배울 교과 수학의 개념과 원리, 대표문제를 미리 배우는 형태입니다. 지식탐구 사고력과 달리 교과 수학과의 연계에 중점을 둔다는 차이점이 있습니다. 교과 수학으로 배우면 주입식으로 배우기 쉬운 개념이나 원리, 대표 문제를 미리 스스로 터득하는 데 강점이 있습니다.

대표적인 것이 필즈더클래식, 시매쓰-AP입니다. 각종 선행학습용 교양도서도 비슷한 효과를 냅니다. 필즈더클래식 프로그램은 5대 교육 효과의 비중이 다음과 같습니다.

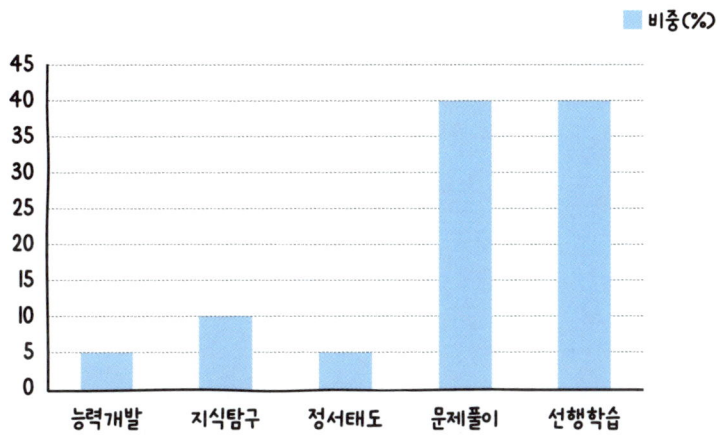

교과연계(필즈더클래식)

정서태도 사고력

초창기 사고력 수학 프로그램과 가장 비슷합니다. 학생들의 몰입을 유도해서 탐구하거나 문제를 해결하게 만드는 형태입니다. 수학에 흥미를 느끼게 하고, 끈질기게 깊이 생각하게 만드는 것을 가장 중요한 목표로 합니다. 먼저 문제 상황을 던지고 학생이 스스로 탐구해서 개념과 원리를 깨우치거나 문제를 해결하는 PBL Problem Based Learning 방식으로 교육합니다. 점진적 몰입 기법으로 학생들이 몰입하게 만들어서 수학 정서와 태도를 개발하는데 강점이 있습니다.

이에 해당되는 사고력 수학으로는 GTG 수학, 황농문 몰입

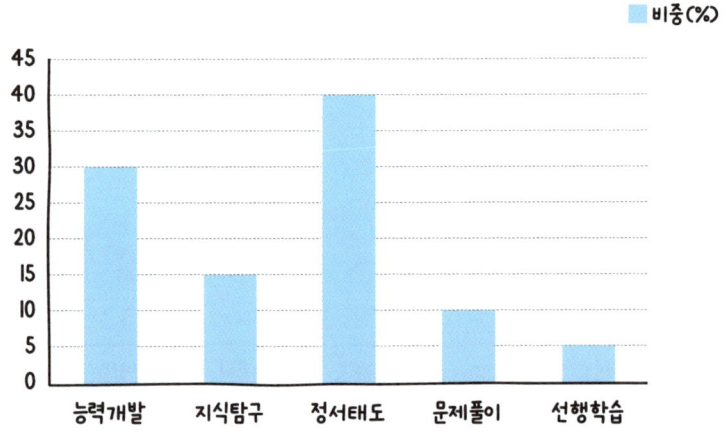

정서태도(GTG)

아카데미 등이 있습니다. 좋은 퍼즐이나 보드게임 등으로도 동일한 효과를 얻을 수 있습니다. GTG 사고력 수학 프로그램의 5대 교육 효과의 비중은 92쪽 그래프와 같습니다.

기타 사고력

위니매쓰, 아담리즈, 와이키즈, 플레이팩토, 오르다, 가베, 은물 등의 유아 사고력 수학이 있습니다. 또한 전국에 여러 사고력 수학 프로그램이 있습니다. 몇 가지만 꼽자면 지식탐구(KAGE, 교구활동(조이매스, 영재체험수학, 몬스터 매스), 문제풀이(팡세, TOP, 토이)가 있습니다.

사고력 수학, 어떤 기준으로 골라야 할까?

재미없는 수학에서 재미있는 수학으로, 수동적인 수학에서 능동적인 수학으로, 외우던 수학에서 생각하는 수학으로 변신한 결과가 사고력 수학입니다. '수학적 사고력의 피라미드'를 바닥부터 꼼꼼히 쌓아 올리는 새로운 수학을 표방하며 나왔는데, 지금의 사고력 수학은 교과 수학과 섞인 것들도 있지요.

아무튼, 이 수많은 사고력 중 어떤 것을 선택해야 할까요?

사고력 수학의 선택 기준은 당연히 아이의 현재 상태와 목표가 1차적입니다. 예를 들어 의대 진학을 목표로 삼는다면 교과연계 사고력이 아무래도 눈에 들어올 테고, 영재고나 과학고 진학을 목표로 한다면 지식탐구나 문제풀이 사고력이 눈에 들어올 겁니다.

이렇게 선택하는 것도 맞습니다. 하지만 저는 그보다는 47쪽에서 본 피라미드를 기준으로 선택하라고 권합니다. **즉 피라미드의 아래쪽부터 위쪽으로 채워 나가기를 바랍니다.**

정서와 태도는 원래 수학 공교육에서 고려의 대상이 아니다가 2015 개정 교육과정부터 포함되기 시작했습니다. 하지만 수학에 대한 긍정적인 정서와 태도는 수학교육에서 지금보다 더 중요하게 취급되어야 합니다.

저는 똑똑하고 수학에 재능이 있는 아이들이 수학을 싫어하여 결국 수학을 놓아 버리는 광경을 수도 없이 봐 왔습니다. 좀 과장을 보태면 100명 중의 95명의 아이는 보상 때문에, 압박감에 내몰려서, 채찍을 맞기 싫어서 공부합니다. 즉 공부 자체가 아니라 공부를 함에 따라 얻게 되는 이득 때문에 공부합니다. 이를 '간접동기'라고 합니다. 그래서 건물주, 경제적 자유, 욜로 이런 것을 인생의 목표로 세우는 유행도 있습니다. 공부를 바짝 해서 목표를 이룬 후 은퇴하여 편하게 살자는 것이지요.

그런데 좋아서, 재미있어서, 그리고 열정과 끈기와 근성과 성장욕구 때문에, 시키지 않아도 공부하는 아이도 있습니다. 즉 공부 그 자체가 동기인 것을 '직접동기'라고 합니다. 이 5%의 아이들은 간접동기로 공부하는 95%의 아이를 이깁니다. 정서와 태도가 다르다는 단 하나의 이유만으로 95%의 아이를 이길 수 있습니다. 정서와 태도가 바뀌면 성적은 따라옵니다.

만약 우리 아이가 초등 시기에 좋은 정서와 태도를 길러서, 수학 자체에 호기심을 가지고 수학을 좋아하게 된다면? 나중에 중고등학교에 올라갔을 때 방황하더라도, 수학 지식이 조금 없어도, 몇몇 능력이 모자라도 약간의 도움으로 금세 극복 가능합니다.

우리 아이가 나중에 바쁘지 않으려면 초등 때부터 도와야 합니다. 진정한 수능 대비는 멘탈을 기르는 것에서 시작합니다.

사고력 수학 학원, 솔직하게 리뷰해 드립니다

모든 사고력 수학이 정서와 태도와 능력과 지식을 개발하는 데 효과적이지만, 그 효과의 정도는 전부 다릅니다.

우리 아이는 우선 정서와 태도를 기르는 게 먼저인가요? 혹은 정서와 태도는 어느 정도 되어 있는데, 몇몇 능력이 부족한가요? 아니면 지식이 필요한가요? 우리 아이는 영재고를 희망하나요? 생각하는 바가 있을 것입니다.

그럼 구체적으로 사고력 수학 학원을 골라 볼까요? 대표적인 사고력 수학 회사들이 어떤 프로그램을 운영하고 있는지 리스트를 나열하고, 그 종류부터 표로 보여드립니다.

학원	프로그램	대상 연령	종류
시매쓰	위니매쓰	5~7세	교구활동
	사고력 수학 NC	초1~3	교구활동
	사고력 수학 AP	초4~6	교과연계
	뉴기프티드	초1~6	지식탐구
와이즈만	GT	7세~초5	교구활동
	GT Advanced	초1~5	지식탐구
	WMO	초3~5	문제풀이
CMS	생각하는 I.G	7세~초2	지식탐구+교구활동
	Pre-Why	7세~초2	지식탐구+교구활동
	WHY	초2~5	지식탐구
소마	프리즘	6세~초6	교구활동+문제풀이
	뉴레인보우	6세~초6	교구활동+문제풀이
	레이	6세~초6	교구활동+문제풀이
	레이 키즈	6세~초6	교구활동+문제풀이
	프리미어	초1~5	문제풀이
GTG	GTG 사고력 수학	7세~초5	정서태도
	문제해결력 수학	7세~초6	문제풀이
필즈더클래식	더클래식	7세~초6	교과연계

시매쓰 프로그램

사고력 수학 NC

초등 1학년~3학년 대상입니다. 종류는 교구활동 사고력 수학입니다. 우리나라에서 교구를 이용해서 활동하는 수학으로는 원조입니다. 주 1회 2시간 수업입니다.

사고력 수학 AP

초등 4학년~6학년 대상입니다. 종류는 교과연계 사고력 수학입니다. 교과 수학의 개념과 원리, 문제풀이를 활동으로 접근하는 특징이 있습니다.

뉴기프티드

초등 1학년~6학년 대상입니다. 종류는 지식탐구 사고력 수학입니다. 창의적 문제해결력을 기르는 프로그램으로 영재 또는 최상위권용입니다.

위니매쓰

5세~7세 대상입니다. 종류는 교구활동 사고력 수학입니다.

입학시험과 레벨

프로그램은 한 가지이지만 입학성적에 따라서 진도를 나가는 레벨이 차이 납니다. 입학시험은 교과와 사고력을 측정하는 시험으로, 시중에 출시된 《1031》 교재를 풀어 보면 입학시험을 치르는 데 도움이 됩니다.

장단점

교구를 이용한 활동이 많아서 학생들이 좋아합니다. 학생들이 낯선 문제를 만났을 때 스스럼없이 달려듭니다. 다만 교과 수학이나 사고력 문제집을 병행해서 공부하지 않으면 시험 성적이 덜 나올 수 있습니다.

와이즈만 프로그램

GT

7세~초등 5학년 대상입니다. 종류는 교구활동 사고력 수학입니다. 교과 연계성이 강한 편입니다. 주 1회 2시간 수업입니다.

GT Advanced

초등 1학년~초등 5학년 대상입니다. 종류는 지식탐구 사고력 수학입니다. 상위권 대상입니다. 초등 3학년 이상부터는 수학+과학 융합 프로젝트 수업이 일정 비율 섞여 있습니다.

WMO

초등 3학년~5학년 대상입니다. 종류는 문제풀이 사고력 수학입니다. 창의적 문제해결력을 기르는 프로그램으로 영재 또는 최상위권용입니다.

입학시험과 레벨

시험 성적에 따라서 GT, GT Advanced로 레벨이 나뉩니다. WMO는 GT Advanced 수강생 중에서 상위권 학생이 추가로 수강하는 수업입니다. (WMO만 수강할 수도 있습니다) 입학시험은 교과와 사고력을 측정하는 시험입니다. 시중 사고력 문제집을 풀어 보면 도움이 됩니다.

장단점

과학과 함께 수강할 수 있습니다. 3학년 이상의 GT Advanced에 프로젝트 수업이 있어서 고교학점제에 대비가 됩니다. 다만 와이즈만 수학은 과학보다 수강생 수가 적어서 수학보다는 과학 위주로 돌아갑니다. 즉, 수학이 주가 아닌 것처럼 느껴질 수 있습니다.

CMS의 프로그램

생각하는 I.G **Pre-Why**

7세~초등 2학년 대상입니다. 종류는 지식탐구 사고력 수학입니다.

WHY

초등 2학년~5학년 대상입니다. 종류는 지식탐구 사고력 수학입니다. 1레벨부터 15레벨까지 있습니다. 마지막 레벨까지 끝내려면 초등 5, 6학년이 됩니다. 주 1회 2시간 수업입니다.

입학시험과 레벨

프로그램은 한 가지이지만 입학시험 성적에 따라서 진도 나가는 레벨이 차이 납니다. 한 번 입학하면 원칙적으로 레벨업이 없습니다. 다만 원래 진도의 수업에 앞 진도의 수업을 추가로 수강하면 레벨업이 됩니다.

입학시험은 교과와 사고력을 측정하는 시험입니다. 시중 사고력 문제집을 풀어 보면 도움이 됩니다.

장단점

영재교육원 합격생이 많습니다. 문제풀이 사고력 수학에 해당하는 B형 숙제가 있는데, 서술형이고 첨삭 서비스가 있습니다. 또한 수학일기, 수학 독후감 등 다양한 추가 숙제가 있습니다. 다만 2시간 안에 한 주제가 끝나도록 프로그램이 짜여 있어서, 상황에 따라서는 주입식 수업이 될 수 있습니다.

소마 프로그램

`프리즘` `뉴레인보우` `레이` `레이 키즈`

6세~초등 6학년 대상입니다. 종류는 교구활동 사고력 수학과 문제풀이 사고력 수학이 섞여 있습니다. 왼쪽으로 갈수록 교구활동 사고력의 비중이 낮아집니다. 주 1회 2시간 수업입니다.

`프리미어`

초등 1학년~5학년 대상입니다. 종류는 문제풀이 사고력 수학입니다.

`특강`

프리미어나 A반 학생은 경시대회 특강을 대체로 수강합니다. 그 외에 도형특강, 연산특강 등이 있습니다.

입학시험과 레벨

입학시험 성적에 따라서 낮으면 뉴레인보우, 높으면 프리즘, 더 높으면 프리미어로 프로그램이 다릅니다. 같은 프로그램 안에서도 성적에 따라서 I, S, H, G로 진도가 다릅니다. G반은 A반, H반은 B반으로도 불립니다. 최근에 A반과 프리미어 사이에 챌린지반이 생겼습니다. 프리미어는 챌린지반 재원생 중에서 1년에 4번 입학시험을 쳐서 선발합니다.

입학시험은 교과와 사고력을 측정하는 시험입니다. 프리미어반에 들어가려면 시중 사고력 문제집을 풀어 보면 도움이 됩니다.

장단점

초등 1~2학년 프리미어반은 경시반을 추가로 운영합니다. 그래서 경시대회 성적 우수 학생이 많습니다. 사고력 수업 외에 연산, 도형 등을 숙제로 관리해 줍니다.

여기에 다니는 학생들의 경우 레이·뉴레인보우와 같은 교구 활동 사고력 수학의 비중이 낮고, 프리미어와 같은 문제풀이 사고력 수학의 비중이 높습니다. 그래서 최상위권이 아닌 학생의 비중이 상대적으로 낮습니다.

GTG 프로그램

GTG 사고력 수학

7세~초등 6학년 대상입니다. 종류는 정서태도 사고력 수학입니다. 주 1회 2시간 수업입니다.

문제해결력 수학

《필즈수학》,《1031》,《최상위 사고력》문제집을 자체 순서에 따라서 수준별로 수업합니다. 실시간 화상 대면수업(출석 수업도 가능)을 합니다. 종류는 문제풀이 사고력 수학입니다.

특강

방학마다 오전 10시부터 저녁 6시까지 좋은 수학 문제를 몰입해서 혼자 힘으로 푸는 몰입 캠프가 있습니다.

특목 수학

초등 1학년~중2 대상입니다. KMO, 영재고, 특목고 대비 수업입니다.

입학시험과 레벨

사고력 수학은 한 가지 프로그램이지만 입학시험 성적에 따라서 진도가 차이 납니다. 단, 수업하면서 사고력이 성장하면 중간에 진도가 빠른 반으로 승반이 가능합니다.

입학시험은 교과와 사고력을 측정하는 시험입니다. 시중 사고력 문제집을 풀어 보면 도움이 됩니다.

장단점

점진적인 몰입과 도전을 통해서 수학에 대한 흥미를 키우고, 끈질기게 깊이 생각하는 태도를 개발합니다. 다만 GTG 사고력 수학은 문제풀이나 지식전달이 목표가 아닙니다. 그래서 사고력 수학에서 배우는 지식의 양이 많은 것을 원한다면 맞지 않습니다.

필즈더클래식 프로그램

더클래식

7세~6학년 대상입니다. 종류는 교과연계 사고력 수학입니다. 골든벨 시간에는 학생이 빨리 답을 맞히는 경쟁을 합니다. 처음에는 주 1회 2시간 수업부터 시작하지만 주 1회 3시간 수업을 거쳐서 주 2회, 주 3회 수업으로 수업시간이 늘어납니다. 주 2회 수업부터는 사고력 수학과 필즈수학(또는 경시특강)을 병행하고 주 3회 수업은 더클래식 2회+교과수학 1회 수업합니다.

특강

경시대회를 대비하는 특강, 대수특강, 기하특강이 있습니다.

입학시험과 레벨

입학시험에 따라서 S, E, G, H로 레벨이 나뉩니다. 왼쪽으로 갈수록 높은 반입니다. 한 가지 프로그램이지만 레벨에 따라서 진도가 차이 납니다. E1반, E2반, E3반…으로 편성됩니다. E1반 학생만 S반에 입학할 수 있습니다. S반, E반은 3시간씩 주 2회 수업합니다. 나중에는 주 3회 수업도 합니다.

장단점

교과 수학의 중요한 내용을 징검다리처럼 선행학습할 수 있습니다. 골든벨과 레벨 제도를 통해서 열심히 공부하는 동기가 커져서 공부량을 늘릴 수 있습니다. 다만 대부분의 수업이 선생님의 풀이 방식을 암기 공식처럼 외워서, 숫자만 바꿔 다양한 문제 '유형'들에 익숙해지는 주입식 교육이 될 수 있습니다. 또한 교과 수학 중에서 일부 지식을 띄엄띄엄 교육합니다. 때문에 안 배운 나머지 교과 수학을 꼭 따로 공부해서 구멍을 메워야 합니다.

이렇게 쭉 살펴보았다면, 이제 우리 아이에게 맞는 학원을 골라 상담을 잡아 보시기를 권합니다. 이때 우리 아이의 최우선 목표를 생각하며 마음속으로 확실한 기준을 세우고 상담을 해야 합니다. 그래야 정말 이 사고력 수학이 아이의 목표를 달성하는 데 도움이 되는지 알아볼 수 있습니다.

물론 사고력 수학 학원을 결정했다고 해서 다가 아니라, 사고력 수학 외에 해야 할 것들도 해야 합니다. 자세한 내용은 3장에서 다루겠습니다.

우리 동네에는
사고력 수학 학원이 없는데요 1

문제집 고르기

그런데 우리 동네에 사고력 수학 학원이 없습니까? 또는 사고력이 좋은 건 알겠는데 너무 비싸게 느껴지십니까? 아니면 시간이 맞지 않나요? 이처럼 사고력 수학 학원을 이용하고 싶지만 여러 가지 이유로 보내지 못할 수도 있습니다.

다행히도, 앞서 살펴봤던 것처럼 집에서도 사고력 수학을 할 수 있습니다. 이 책의 '부모표 사고력 프로그램'에 따라 사고력 문제집과 교구(일반적인 교구, 퍼즐, 보드게임 등)를 병행하면 학원에 보내는 효과가 있습니다. 프로그램을 구성하는 자세한 방법은 143쪽에 나오는데, 그전에 문제집부터 자세히 알아보겠습니다.

사고력 문제집은 사고력 수학의 일부분

독자 여러분이 아는 사고력 문제집에는 어떤 것이 있습니까? 《1031》,《팩토》,《필즈수학》,《최상위 사고력》,《3%》,《문제 해결의 길잡이》,《TOT》, 각종 경시대회 기출문제집까지. 정말 많기도 많습니다. 하나같이 수학적 사고력을 개발할 수 있는 문제집입니다.

사고력 문제집의 종류는 문제풀이 사고력입니다. 즉 능력, 그 중에서도 문제해결력 개발에 특화되어 있으며 정서·태도를 기르거나 선행학습에 특화된 사고력 수학은 아니라고 볼 수 있습니다.

그럼에도 불구하고 기존의 교과 심화 문제집보다 아이들의 정서·태도를 쌓는 데 훨씬 더 도움이 되기 때문에 부모표 사고력 수학의 필수품입니다.

교과 심화 문제집은 아이들에게 힘들다고 했지요. 왜일까요? 기본적으로 교과 심화 문제집은 지식을 완벽하게 습득했다는 전제하에 푸는 문제집이라 그렇습니다. 지식은 수학적 사고력의 피라미드의 꼭대기에 위치합니다. 따라서 성취하기 힘듭니다. 게다가 초등학생의 특성상 계산의 정확도가 낮아서 연산에서 실수가 자주 생겨 틀리기도 하니 아이에게 잦은 좌절을 가져다 줄 수밖에 없습니다.

이처럼 교과 심화 문제집의 단점을 보완하기 위해 예전에는 《올림피아드 왕수학》 같은 경시대회 기출문제집까지 풀기도 했습니다. 이들 문제집은 수준 높은 문제에 목말랐던 극상위권 학생들에게는 문제해결력을 기르는 데 도움이 되었습니다. 하지만 극소수의 학생들만 난도를 감당할 수 있어서 99%의 학생에게는 그림의 떡이었습니다.

그런데 이런 요소, 저런 변수 다 제외하고 순수한 사고력과 문제해결력, 소위 '생머리'로 풀 수 있는 체계적인 커리큘럼이 바로 사고력 문제집입니다.

교과 심화 문제집밖에 없던 우리나라 수학교육판에 창의적 문제해결력을 기르는 더 효과적이고 가성비 있는 방법을 제시한 것이 이들 사고력 문제집입니다. 한헌조 선생님이 시매쓰에서 개발을 시작했고, 지금은 아주 다양한 사고력 수학 업체에서 문제집을 만들고 있습니다. 이 사고력 문제집 덕분에 아이들은 교과 심화 문제집을 풀 때보다 훨씬 머리를 쓰기가 만만해졌습니다.

문제집 수준을 못 맞추면 얻어가는 게 없다

어떤 사고력 문제집을 선택하면 좋을까요? 각 문제집의 특성을 따져 보고 아이의 상태와 목표에 따라 골라 진행하면 됩니다.

그런데 구체적으로 사고력 문제집의 특성을 따지기 전에, 조심해야 할 것이 있습니다.

제가 몇 년 전부터 유튜브를 구독하면서 많이 보고 배운, 교육전문가이자 작가님이 있습니다. 유튜브에서뿐만 아니라 방송으로도 자녀를 초등부터 교육하는 과정을 내보낼 정도로 유명한 분입니다. 그분이 얼마 전에 어떤 교육 채널에서 인터뷰하는 걸 봤습니다. 중학생이 된 자녀가 초등학생 때 했던 것 중에서 후회하는 것이 무엇인지를 이야기하시는데, 그중 하나가 사고력 문제집을 풀렸던 것이었습니다. 그 시간에 교과 수학을 하는 게 더 좋았다고 하더라고요. 이걸 보고 아차 싶었습니다.

오랫동안 구독한 만큼, 그분이 사고력 문제집을 자녀에게 시키는 모습을 이미 본 적이 있습니다. 그런데 아이가 사고력 문제집을 약간 힘겹게 공부하는 눈치였어요. 작가님은 교과 수학도 '선행을 거의 안 한다.' 주의에 가까웠고, 선행 없이 나이에 맞게 진도를 나가면서 교과 심화에 많이 투자하는 방식이었습니다. 이렇게 교과 심화 문제집도 무겁게 가는데, 사고력 수학도 무겁게 간다는 생각이 들었습니다. 저러다가 아이가 다칠

텐데 싶더라고요. 무겁게 가는 원인은 어렵지 않게 눈에 보였습니다. 저희 학원에 부모표로 아이를 공부시키다 오신 분들을 보면 다들 그렇게 무겁게 가고 있으니까요.

무겁다는 말의 뜻은 이런 것입니다. 예를 들어 보겠습니다. 사고력 문제집에 '1학년'이라고 적혀 있습니다. 이것은 '1학년 때 배우는 지식이 필요하다.' 혹은 '최소 1학년 지식이 있는 사람이 풀어라.'라는 뜻입니다.

그런데 여러분은 이 '1학년 때 배우는 지식이 필요하다.'라는 문장을 어떻게 해석했습니까? 혹시 "1학년이면 이 정도는 풀 수 있어야 해!"로 생각되지 않습니까? 절대 그렇지 않다는 데 무겁게 가는 문제의 원인이 있습니다.

1학년이라 쓰인 문제집을 1학년이 풀면 어렵습니다. 여기에 한두 학년을 더해도 쉽지 않은 경우가 많습니다.

==그러니 사고력 문제집을 고를 때는 아이의 학년이 아닌 정답률을 기준으로 해야 합니다.== 정답률이 70% 정도 나오면 적당한 문제입니다. 아이의 실제 나이에서 한두 단계 아래의 문제집을 선택한 후, 풀려 보고, 정답률이 70%면 그대로 가고, 70%를 훌쩍 넘으면 위로 가고, 정답률이 70% 이하면 단계를 더 낮추어야 합니다. 물론 전문가가 가르치면 정답률 50%로 나온 문제집을 가지고도 아이를 공부시킬 수 있지만, 아마추어들은 그냥 안전하게 가는 편이 낫습니다.

그럼 구체적으로 문제집의 종류를 알아보겠습니다. 다음의 표를 가볍게 훑어보세요.

유형	교재
1세대 문제집	《문제 해결의 길잡이》, 《생각수학》
1.5세대 문제집	《3%》, 《최강 TOT》
2세대 문제집	(출판교재) 《1031》, 《필즈수학》, 《최상위 사고력》, 《팩토》, 《탑(TOP) 사고력》 등 (학원교재) 기프티드, WMO, 프리미어, 더클래식, 엠큐브 등

1세대 문제집

《문제 해결의 길잡이》와 《생각수학》이라는 문제해결력 전문 문제집이 최초로 등장했습니다. 이들은 기존 교과 심화 문제집이나 경시대회 문제들을, 문제해결전략을 기준으로 문제를 분류하여 편제했습니다. '문제해결전략'이란 문제를 해결하는 기술을 말합니다. 식을 만들어 해결하기, 그림을 그려 해결하기, 규칙을 찾아 해결하기, 조건을 따져 해결하기, 단순화하여 해결하기, 거꾸로 풀어 해결하기, 표를 만들어 해결하기, 예상과 확인으로 해결하기 등이 있습니다.

또한 아이들이 전략을 배운 뒤에 따라 해 보고 나중에 스스로 적용하도록 구성했습니다. 그밖에 문제 분석과 풀이 실행, 반성 과정도 배우고 적용할 수 있도록 구성했습니다.

이 1세대 문제집이 출간되면서, 교과 문제집과 1세대 문제집을 병행하는 아이들이 늘어났습니다. 하지만 이들도 아쉬운 점이 있습니다.

첫째, 깊이 파고들지 못합니다. 예를 들어서 '거꾸로 풀기' 단원이 있고, 그 중 '색종이 접어서 자른 뒤에 펼치기'가 주제인 문제들이 있다고 칩시다.

색종이를 접어서 자른 뒤에 펼치는 문제에 걸릴 수 있는 소재는 너무나 다양합니다. 난이도도 세분화할 수 있으며, 쓰이는 전략도 여러 가지입니다. 예를 들어 볼까요? 자른 모습을 주고 펼친 모습을 찾는 문제, 펼친 모습을 주고 자른 모습을 찾는 문제, 직선으로 자른 문제, 구멍 뚫는 문제, 수직선을 접는 문제, 대각선으로 접는 문제, 접을 때마다 구멍을 추가하는 문제, 1번 접는 문제부터 4번 접는 문제 등등.

그런데 1세대 문제집에서는 이 많은 문제 중 한두 문제만 다룹니다. 그러다 보니 깊이 파고들 여지가 없습니다. 그 결과로 한 단원에 있는 문제들의 난이도가 고만고만합니다. 만약 문제집에 그 단원의 평균 난이도보다 튀게 어려운 문제를 추가하면, 아이들은 대체로 그 문제를 못 풉니다. 이 문제집을 통해 능력, 지식, 기술 등을 획득할 기회가 없기 때문입니다. 그러니 필연적으로 어떤 단원에서 첫 문제의 난이도와 끝 문제의 난이도가 거의 비슷하도록 구성할 수밖에 없습니다. 비유하자면 '문턱이 낮고 천장도 낮은' 구조입니다.

둘째, 문제의 배치나 구성이 문제 자체의 본질과 동떨어져 있습니다. 이는 문제를 지식 등이 아닌 '해결 전략'에 따라서 분류했기에 필연적으로 발생하는 단점입니다. 예를 들어 '거꾸로 풀기'라는 제목을 달고 한 단원으로 묶인 문제들은, 사실은 한 문제 한 문제가 하나의 독립된 단원으로 다루어야 할 만큼 중요하고 깊이가 있습니다. 따라서 아이가 어떤 문제를 못 푼다면 대개는 문제를 푸는 데 필요한 개념을 모르기 때문입니다. 따라서 부모가 아무리 "거꾸로 풀기 전략을 알잖아. 그런데 왜 못 풀어?"라고 다그쳐도 소용이 없습니다. 문제를 푸는 전략을 배우는 것만으로는 부족합니다.

2세대 문제집

1세대 문제집의 아쉬운 점을 보완해서 2세대 문제집이 등장했습니다. 창의성과 수학적 사고력을 검사하는 영재교육원 문제들을 주로 다루었다는 점에서 흔히들 '사고력 문제집' 또는 '창의사고력 문제집'이라고도 부릅니다.

시중에서 구할 수 있는 대표적인 교재는 《1031》, 《팩토》, 《필즈수학》, 《탑 사고력》, 《최상위 사고력》 등이 있습니다. 학원용 교재로는 시매쓰의 《기프티드》, 와이즈만의 《WMO》, 소마의 《프리미어》, 필즈더클래식의 《더클래식》, KAGE의 《엠큐브》 등이 있습니다.

2세대 문제집의 특징은 문제를 주제별로 편제했다는 데 있습니다. 이렇게 되면 한 단원 안에서 난도를 엄청나게 올릴 수 있습니다. 즉, 처음에는 좀 쉬운 문제로 시작해서 점점 어려워집니다. 시작할 때 난이도가 초등 4학년 수준이었다면 끝날 때 난이도는 초등 5학년이라야 풀 만한 수준이 되는 것입니다. 비유하자면 '문턱이 낮고 천장은 높은' 구조입니다. 이렇게 짧은 시간 안에 난이도를 높일 수 있는 이유는, 한 단원에 있는 문제가 모두 같은 주제를 다루기 때문입니다.

예를 들어 '연속수'라는 주제에 관한 단원이라고 칩시다. 학생들은 연속수의 합을 구하는 문제, 연속수의 합이 주어졌을 때 가능한 연속수를 모두 구하는 문제, 연속수에서 조금 변형된 등차수열 문제, 연속수의 홀수와 짝수의 차를 쉽게 구하는 문제, 연속수를 곱하는 문제, 달력과 결합된 문제, 자리 수를 이용하는 문제 등을 풉니다. 문제를 풀면 풀수록 연속수에 대한 이해도가 점점 올라가고, 두뇌에서 연속수를 중심으로 하는 새로운 신경회로가 형성됩니다. 덕분에 처음에는 못 풀었을 어려운 문제도 나중에는 풀 수 있게 됩니다.

다만 앞부분을 풀면서 이해도가 깊어져서 뒷부분도 해결하는 루트는 '희망편'입니다. 한 단원 안에서 난이도가 차원이 다르게 높아진다고 했지요. 따라서 뒷부분을 해결하지 못하는 '절망편'이 펼쳐질 가능성도 높습니다. 이렇게 되면 아이가 좌절하고 수학 정서와 태도에 상처를 입을 수 있습니다.

1.5세대 문제집

《3%》나 《최강 TOT》를 1.5세대로 분류합니다. 주제별 편제라는 점에서는 2세대 문제집과 비슷합니다. 하지만 문제의 성향이 2세대의 창의적 문제해결력 문제보다 1세대의 교과 문제해결력 문제 비중이 더 높습니다.

이들 문제집을 풀려 보면 문제 자체의 난이도는 비슷해도 2세대 문제집을 풀릴 때보다 학생들의 정답률이 조금 더 낮은 경향이 있습니다. 실행력이 많이 필요한 문제의 비중이 더 높아서 그렇습니다. 그래서 대체로 학생들이 덜 좋아합니다. 물론 아이의 성향이나 취향에 따라 차이는 있습니다.

이 책에서 제시하는 '부모표 사고력 프로그램'은 이 2세대 문제집 중에서도《필즈수학》,《1031》,《팩토》,《TOP 사고력》, 《광세》등을 이용하여 진행합니다. 하지만 아이에게 더 맞는 문제집이 있다면 그걸로 진행해도 됩니다. 쉬운 비교와 선택을 위해 몇몇 사고력 문제집의 난이도를 119쪽에 비교해 보았습니다.

번외: 교과 심화서

참고로 교과 심화서로도 사고력 수학을 할 수 있습니다. 이때도 70% 이상의 정답률이 나오는 문제집을 선택하면 됩니다. 예를 들어《최상위 수학》에서 1단계, 2단계, 레벨업까지는 정답률 70%가 나오는데 하이레벨의 정답률은 50% 이하라면, 레벨업까지만 풀고 하이레벨은 한두 문제만 푸는 식으로 진행합니다. 혼자 풀지 못할 때는 교습자가 적절한 발문을 해서 아이가 몰입하게 하는 식으로 소수의 문제를 도전해서 하다 보면 교과 심화를 하면서도 사고력이 개발됩니다. 교과 심화는 3장에서 더 자세히 설명합니다.

문제집 난이도 비교

	쎈세	팩토	TOP 사고력	필즈 수학	1031	노크	최상위 사고력	3%
예비 초등	S							
↑	P	킨더						
	A	키즈	K					
	B			킨더				
		1레벨	P					
				베이직	PRE	A		
		2레벨	A				1단계	
					입문	B		
		3레벨	B	입문		C	2단계	
초3					초급	D	3단계	
		4레벨		초급				
					중급		4단계	1과정
				중급				
					고급			2과정
				고급				
↓ 중등								3과정

우리 동네에는 사고력 수학 학원이 없는데요 2

교구와 퍼즐 고르기

교구와 퍼즐을 분류하면 교구활동 사고력입니다. 교구활동 사고력은 능력개발에 특화되었고, 그 다음으로 정서와 태도를 만들기 좋습니다. 따라서 사고력 수학 학원을 다니더라도 따로 하기를 권장합니다.

교구와 퍼즐을 고를 때의 요령은 두 가지입니다. 바로 난이도와 워크북의 구성입니다.

예를 들어, 하나 구입해서 끝까지 풀면 좋은 퍼즐들이 많습니다. 대표적인 게 러시아워라는 퍼즐로 워낙 좋은 퍼즐입니다. 버전에 따라 다르지만 가장 많은 디럭스판은 60번까지 있는데, 아이들은 이 퍼즐을 중간쯤 하다가 "안 할래요." 하고 나자빠지곤 합니다. 따라서 30번 문제까지 있는 낮은 난이도의 퍼즐부터 시작하는 것이 좋습니다.

난이도는 조금 쉬운 듯하게 선정하는 것이 좋습니다. 처음에는 잘할 수 있는 것부터, 재미있는 것부터 시작해서 성공의 눈덩이를 굴리기 시작하는 것이 중요하기 때문입니다. 일단 눈덩이가 구르기 시작하면 점점 난도가 올라가면서 아주 어려운 수준까지 아이가 풀어 냅니다. 이때 생각하는 맛을 크게 느끼고 과제집착력이 커집니다.

한편 적절한 워크북의 필요성은 아무리 강조해도 지나치지 않습니다. 그래야 갑자기 높아지는 난도에도 아이들을 적절히 이끌 수 있습니다. 칠교를 생각해 봅시다. 정말 좋은 교구인데, 칠교의 워크북은 다소 뒤죽박죽으로 구성된 것들이 많습니다. 점진적으로 몰입할 수 있도록, 쉬운 것부터 점점 조금씩 어려워지도록 구성된 워크북을 찾아야 합니다. 여기에 난도별 연령대와 지도 요령까지 꼼꼼하게 담겨 있어야 합니다. 드물긴 한데 찾으면 있습니다.

워크북의 난이도가 우리 아이에게 맞는지 아닌지 확인하는 방법을 알려드립니다. 워크북의 앞에서 몇 쪽, 1/4 지점에서 몇 쪽, 1/3 지점 몇 쪽을 아이에게 풀려 봅니다. ==1/4 지점에서 아이==

가 조금 어려워하지만 거의 성공할 정도가 되고, 1/3 지점에서 아이가 거의 못 풀지만 풀려고 계속 시도하는 정도면 난이도가 적당한 워크북입니다.

필요한 교구와 퍼즐 고르는 요령

기본적으로는 아이가 흥미를 보이는 것들을 하면 좋습니다.

혹은 사고력 문제집이나 교과 수학을 하다가, 특정한 능력의 필요성이 느껴진다면 교구나 퍼즐을 골라서 해도 좋습니다.

어떤 우수한 학생이 도형 문제를 몇 번이고 자꾸 틀려서 뜻밖이었습니다. 몇 번이나 문제를 풀어도, 같은 종류의 문제를 만나면 또 어려워하더라고요. 관련 지식을 제대로 아는지 점검했는데 아주 잘 알고 있었습니다. 그래서 아예 진도를 멈추고 저희 학원에서 개발한 '입체도형 탐구'라는 사고력 수학 교재로 수업을 진행했습니다. 입체도형 교구를 활용해 활동하는 프로그램입니다. 그랬더니 자꾸 틀리던 문제들을 따로 가르쳐주지 않았는데도 술술 풀었습니다. 역시나 이 학생은 지식이 부족해서가 아니라 공간지각력이 부족하여 문제를 못 풀었던 것입니다.

이처럼 사고력 피라미드의 '능력' 부분을 키워 주는 데 특화된 퍼즐과 교구들을 하나하나 소개하겠습니다.

공간지각력을 길러 주는 퍼즐과 교구

지오플릭(GEOFLICK)

조립해서 입체도형을 만드는 교구입니다. 초등 과정의 단순한 직육면체부터 고등 과정에 나오는 정다면체와 준정다면체, 오목다면체까지 거의 모든 입체도형을 만들 수 있습니다. 반투명 칸막이가 있어서 다면체의 내부와 외부를 함께 관찰할 수 있는 구조입니다. 단면도를 관찰할 수도 있습니다. 가격 대비 성능이 좋습니다.

블로커스(Blokus)

펜토미노, 테트로미노 등의 조각을 이용해서 하는 전략게임입니다. 재미있다는 것이 최대 장점으로 이 게임은 부모도 아이와 함께 재미나게 즐길 수 있습니다. 공간지각력 외에 관찰력과 전략적 사고력도 함께 개발됩니다. 3D, 트라이곤 등 변형 제품도 좋습니다.

우봉고(Ubongo)

펜토미노 혹은 테트로미노 조각으로 퍼즐을 풀고 보석을 모으는 게임입니다. 블로커스가 가족게임이라면, 우봉고는 친구들과 하면 더 좋습니다. 도형 퍼즐을 잘하지 못하는 학생도 '보석 모으기'라는 보완책이 있어서 이 게임은 좋아합니다. 수업 시간에 꺼냈을 때 반응이 나쁜 적이 없었습니다. 게임을 할 때는 보석을 가져가는 규칙을 단순하게 정하는 것이 좋습니다.

폴리탄(Polytan)

여러 가지 입체도형 퍼즐을 하나로 묶은 종합선물 세트 같은 퍼즐입니다.

평면도를 보면서 입체도형을 쌓는 밸런스로 시작해서 그림자 퍼즐인 탱그램, 조감도를 보고서 입체도형을 완성하는 아키텍쳐 퍼즐을 거쳐서 위·앞·옆을 보고 입체도형을 완성하는 프로젝션 퍼즐까지 있습니다. 교과서와 시험지에서 입체도형을 만날 때 직접 도움이 되는 것이 장점입니다. 비슷한 폭스마인드FoxMind 사의 제품과 비교하면 효과는 같으면서 가격은 저렴한, 착한 제품입니다. 친구와 협동해서 풀면 더 재미있고, 어려운 문제도 더 오래 도전하게 되니 가급적 친구와 함께 풀도록 하면 좋습니다.

라비린스(Labylinth)

미로를 움직여서 아이템을 수집하는 게임으로, 조작 후의 미로를 상상하는 과정에서 공간지각력이 향상됩니다. 아이템 카드의 공개 여부로 게임 난이도를 조절할 수 있습니다. 가족, 친구와 함께 즐길 수 있는 스테디셀러입니다.

종이접기

가장 저렴하지만, 가장 효과적인 최고의 공간지각력 훈련 도구입니다. 공간지각력뿐만 아니라 작업기억력과 정교성을 기를 수 있습니다.

시중에 나와 있는 수많은 종이접기 책 중, 아이가 좋아하는 캐릭터나 동물이 있는 책으로 시작하세요. 난이도별로 체계화가 잘 되어 있는 책을 고르면 아이가 성취감을 느끼기 쉽다는 큰 장점이 있습니다.

기타

큐브빌드, 펜토미노턴, 칠교, 소마큐브, 펜토미노, 달걀퍼즐, 구슬퍼즐, 카타미노 등은 세트로 된 워크북과 함께 진행하면 좋습니다.

이때 난이도가 단계별로 설정된 워크북을 골라야 합니다. 또한 너무 많은 문제를 마구잡이로 모아놓은 워크북은 할 의욕을 꺾어 버리니 주의하기 바랍니다.

연산력을 길러 주는 퍼즐과 교구

다음의 교구와 활동은 모두 제가 수업을 통해서 효과를 검증한 것입니다. 이들은 개정 교육과정에서 강조하는 다양한 방법으로 연산할 수 있는 힘을 기를 수 있습니다. 그리고 연산 학습지의 부작용으로 머리가 굳어 버리거나 수학에 질려 버린 학생의 머리를 유연하게 하고, 수학에 다시 흥미를 느끼게 하는 효과가 있습니다.

파라오코드

주사위로 주어진 수를 계산해서 아이템을 사냥하는 게임입니다. 덧셈, 뺄셈만 아는 저학년부터 사칙연산을 모두 하는 고학년까지 즐길 수 있습니다. 이때 연산속도가 유독 빠른 사람에게는 핸디캡을 주는 등의 보완 장치를 마련해 보세요.

머긴스(Muggins)

숫자를 사칙연산으로 조합해 점수를 쌓는 게임입니다. 단순 연산이 아닌 높은 점수를 얻기 위한 다양한 전략을 궁리해야 하기 때문에 재미있습니다. 여러 명이 할 때 더욱 재미있습니다. 시중에서는 여러 브랜드로 판매되는데 씨투엠의 머긴스 빙고가 가성비와 확장성이 좋습니다. 그런데 사실 직접 만들어서 사용해도 됩니다.

스냅잇업(Snap It Up)

올바른 사칙연산을 만드는 게임입니다. 기계적인 연산으로 머리가 굳어진 아이들을 '치료'해 주며, 부모 역시 편안하게 진행 가능합니다.

보통의 규칙은 가장 먼저 목표 수를 만드는 사람만 점수를 얻는 것입니다. 하지만 제한 시간 안에 목표 수를 만든 모두가 사용한 카드 수만큼 점수를 얻도록 게임규칙을 바꾸는 것도 방법입니다. 연산 속도가 느린 학생도 포기하지 않게 되며, 모든 참여자에게 여러 가지 방법으로 연산하게끔 유도해서 교육 효과가 높아지기 때문입니다.

매지믹서(Magimixer)

5개의 흰 주사위와 1개의 검은 주사위가 문어발에 달린 교구를 이용하여 연산하는 게임입니다. 혼합 계산을 하는 능력을 길러 줍니다. 나눗셈을 알면 더 좋지만 나눗셈을 몰라도 곱셈만 알면 할 수 있습니다. 게임하는 기분이 많이 나서 학생들이 무척 좋아합니다. 이 역시 '빨리 푸는 사람이 점수를 다 가져가는' 규칙보다는, 제한 시간 안에 많은 풀이를 찾으면 점수를 얻도록 규칙을 바꾸는 것이 더 교육 효과가 높습니다.

24게임(24Game)

카드에 주어진 4개의 수를 혼합 계산을 해서 24를 만드는 게임입니다. 난이도별로 잘 정리되어 있어서 실력이 차근차근 늘 수 있습니다. 머리를 가장 많이 쓰게 만드는 게임이며, 혼자서도 퍼즐처럼 즐길 수 있습니다. 몇몇 출판사에서 출간했는데, 책 형태라 자칫 아이가 공부로 받아들일 수 있습니다. 해외직구를 하면 좋은데 비싸고 시간도 오래 걸리지요. 규칙을 알고 있으니 인터넷에서 다운받아 오려서 사용해도 좋습니다. 혹은 앱스토어나 플레이스토어에서 다운받아 게임처럼 해도 되지만, 친구나 가족과 함께 해야 더 재밌습니다.

셈셈 시리즈

셈셈 수놀이(수 개념과 가르기, 모으기), 셈셈 피자가게(덧셈, 뺄셈), 셈셈 테니스(곱셈), 셈셈 눈썰매장(나눗셈), 셈셈 롤러코스터(혼합계산), 셈셈 코드 1~2(덧셈)가 있습니다. 디자인이 아기자기하고 잔재미를 주는 아이템이 풍부해서 아이들이 좋아합니다. 부모가 같이 놀아 주기도 좋습니다. 단, 아이가 느리게 계산하더라도 답답해하지 않고 기다려 주는 인내심은 필수입니다.

기타 퍼즐과 게임

테트라스퀘어, 가쿠로, 메이크 텐, 로보 77 등은 지겨운 연산 훈련을 즐겁게 하는 데 도움이 됩니다.

논리력을 길러 주는 퍼즐과 교구

논리력은 학교에서 가르쳐 주지는 않지만 수학 성적에 가장 크게 영향을 끼치는 요인 중의 하나입니다. 그런데 논리력은 종이로 된 문제집을 풀어서는 개발이 더딘 대표적인 능력입니다. 추상화 정도가 높기 때문입니다. 따라서 손으로 만지는 활동을 통해 구체성과 추상성을 이어 주면, 투입 시간에 비해서 논리력을 기르는 효과가 커집니다.

초콜릿 픽스(Chocolate Fix)

주어진 규칙에 맞게 말을 배치하는 퍼즐입니다. 6~9세용으로, 규칙을 이해하는 힘과 논리적으로 따지는 힘을 기르기 좋습니다. 클루 마스터 등 비슷한 종류의 퍼즐이 많은데 초콜릿 픽스는 캐릭터가 친근해서 아이들이 좋아합니다. 성공했을 때 요란하고 활기차게 성공을 축하해 주세요.

다빈치 코드(Davinci Code)

주어진 규칙에 맞게 말을 놓은 뒤에 논리의 힘으로 상대방의 말을 맞히는 게임입니다. 논리적으로 따지는 재미 외에 박진감이 있어서 학생들이 가장 좋아하는 논리 게임 중의 하나입니다. 난이도 조절이 쉬워서 7세부터 중학생까지 모두 할 수 있습니다. 교구를 구입하지 않고 집에서 종이를 오려서 할 수도 있습니다.

다만 4학년 이하의 경우 처음에는 규칙을 잘 이해하지 못하는 경우가 많은데, 차분하게 기다려 주시기 바랍니다.

주 로직(Zoo Logic)

아이들에게 가장 인기 있는 활동 중의 하나입니다. 규칙은 간단하지만 문제를 해결하려면 상당한 논리력과 문제 해결력이 필요합니다. 초등 1학년부터 5학년까지 추천하는 게임으로, 쉬운 단계부터 차근차근 풀다 보면 어느새 꽤 어려운 단계까지 해결하게 됩니다.

대개 처음에는 시도와 오류, 즉 일단 해 보고 우연히 답을 찾는 전략을 써서 문제를 해결합니다. 어느 단계가 되면 이 전략이 통하지 않습니다. 이때 학생들이 어렵다며 많이들 포기하는데, 이 단계에서 문제의 구조를 관찰해서 문제의 약점부터 공략하는 방법을 알려 줄 필요가 있습니다.

러시아워(Rush Hour)

7세부터 중1까지 할 수 있는, 말이 필요 없는 좋은 퍼즐입니다. 문제해결력도 함께 기를 수 있습니다. 쉬운 버전부터 어려운 버전까지 다양한 패키지가 있는데, 처음에는 쉬운 것부터 접근할 것을 추천합니다. 혼자서 퍼즐을 풀다가 어느 단계에서 막히면 수학 정서가 약한 학생은 더 하지 않으려고 포기하는 수가 있기 때문이지요. 업그레이드를 하고 싶다면 교구는 그대로 두고 문제 세트만 추가하면 되므로, 품앗이를 하면 비용이 절감됩니다.

알록달록 첩보전(Colour Code)

투명한 조각을 몇 겹으로 겹쳐서 주어진 모양을 만드는 퍼즐입니다. 주어진 정보가 많은데 이들을 재구성해서 경우를 나누어서 따져야 문제가 풀립니다. 1번부터 100번까지 문제가 있는데 처음에는 쉽지만 90번을 넘어가면 어른도 어렵습니다.

논리력 외에 과제집착력과 공간지각력, 유연성, 문제해결력을 기르는 효과가 큽니다. 이것으로 오랫동안 수업했는데 학생들이 무척 좋아합니다. 명작입니다.

추론 능력을 길러 주는 퍼즐과 교구

추론 능력과 논리력은 조금 다릅니다. 사건을 해결하는 탐정에 비유해서 설명하겠습니다.

논리력은 흩어진 증거와 진술들을 모아 모순 없이 체계적인 '사건 파일'로 재구성하는 힘 자체입니다. 복잡한 문제의 조건들을 한눈에 파악할 수 있도록 구조화하는 능력이지요.

추론 능력은 잘 정리된 사건 파일 속에서 "어? 이 패턴은 과거의 그 사건과 비슷하군(유추)." 또는 "이 증거는 범인이 일부러 남긴 것 아닐까(추측)?"처럼, 구조화한 것들 사이에서 새로운 것을 끌어내고, 결정적인 단서(실마리)를 발견하고, 사건을 해결할 때까지 생각을 전개하는 힘입니다.

클루(Clue)

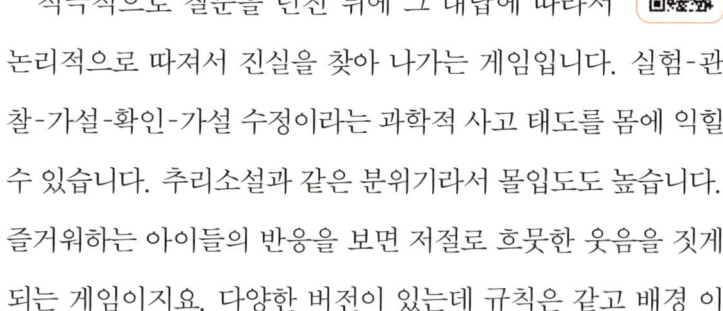

적극적으로 질문을 던진 뒤에 그 대답에 따라서 논리적으로 따져서 진실을 찾아 나가는 게임입니다. 실험-관찰-가설-확인-가설 수정이라는 과학적 사고 태도를 몸에 익힐 수 있습니다. 추리소설과 같은 분위기라서 몰입도도 높습니다. 즐거워하는 아이들의 반응을 보면 저절로 흐뭇한 웃음을 짓게 되는 게임이지요. 다양한 버전이 있는데 규칙은 같고 배경 이야기만 다르니 취향에 따라 고르면 됩니다. 단, 초등 2학년 이상은 되어야 원활하게 할 수 있으니 참고하기 바랍니다. 숫자 3개를 맞히는 '야구 게임'을 교구 없이 종이와 펜만으로 즐겨도 비슷한 효과를 낼 수 있습니다.

레이오브라이트(Ray-of-Light)

질문을 던지고 답을 들으며 상대방의 보드판을 추리하는 빛과 거울의 게임입니다. '오르다'에서 나온 만큼 완성도가 매우 높습니다. 6살부터 즐길 수 있으며, 칩과 거울의 개수를 늘리거나 빛을 흡수하는 '블랙홀'을 추가하면 어른도 즐길 만큼 난이도가 높아집니다. 게임이 끝난 후, "왜 그렇게 생각했어?"라고 질문하며 아이가 자신의 추론 과정을 설명하게 하면 발표 능력까지 기를 수 있습니다. 교구 없이 종이에 그려서 해도 됩니다.

레이저 메이즈(LASER MAZE)

레이저를 발사해서 주어진 목표물에 명중하도록 만드는 퍼즐입니다. 목표물에 명중하도록 거울, 레이저 분리용 거울, 게이트, 장애물 등을 배치해야 합니다. 어떤 조각을 어디에 놓을지 이리저리 실험하면서 조금씩 정보를 얻어서 해답에 가까워집니다. 학생들이 매우 좋아하는 퍼즐입니다. 난이도 조절도 잘 되어 있어서 점진적으로 몰입하기에 무척 좋습니다.

빛의 반사를 많이 경험하지 못한 학생들은 레이저의 경로를 예측하는 데 어려움이 있습니다. 이 경우에 방안을 어둡게 하면 붉은 레이저가 지나가는 길이 보여서 레이저의 반사 경로에 빨리 익숙해집니다.

무지개 게임

두 사람이 게임합니다. 저마다 남몰래 3×3 격자 안에 트리오미노(정사각형 3개를 붙인 모양)를 빈틈없이 그려 넣습니다. 트리오미노마다 서로 다른 색을 칠합니다. 번갈아 가며 한 번씩 상대방에게 어느 한 줄의 색깔을 질문합니다. 예를 들면 "2행의 색깔은 뭡니까?" 라고 질문합니다. 그러면 상대방은 2행에 있는 정사각형들의 색깔을 말하는데, 알아내기 힘들도록 일부러 순서를 섞어서 말합니다. 예를 들어 2행의 왼쪽부터 정사각형이 노랑-파랑-파랑 순으로 놓여 있다면 "2행에는 파랑이랑 노랑이 있어!"라고 말하는 것입니다. 질문을 적게 하고 먼저 상대방의 트리오미노의 모양과 색깔을 맞히는 사람이 이깁니다.

저희 GTG 사고력 수학에서 만든 독창적인 게임입니다. 15년 넘게 수업했는데 학생들이 무척 재미있어합니다. 1시간 넘게 이 게임을 합니다.

4×4 격자와 테트로미노(정사각형 4개를 붙인 모양) 또는 5×5

격자와 펜토미노(정사각형 5개를 붙인 모양)를 이용하면 더 어려워집니다.

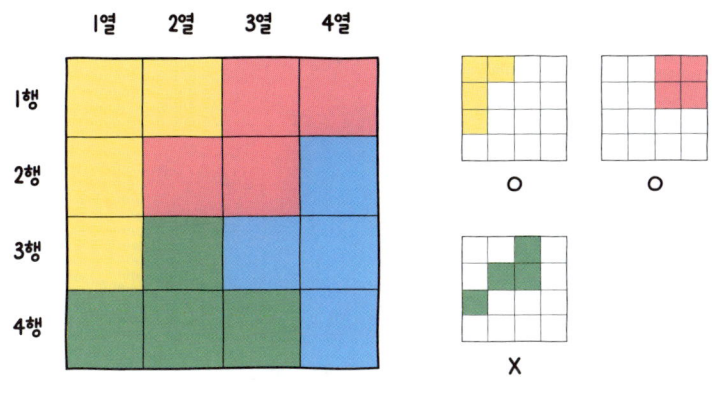

무지개 테트로미노 예시

좌표 게임

두 사람이 게임합니다. 저마다 남몰래 5×5 격자 안에 펜토미노(정사각형 5개를 붙인 모양) 중의 하나를 그립니다. 번갈아 가며 한 번씩 상대방에게 어느 한 줄에 있는 펜토미노 조각의 개수를 묻습니다. 예를 들면 "2행에는 몇 조각이 있습니까?"라고 질문합니다. 그러면 상대방은 2행에 있는 펜토미노의 개수를 말합니다. 먼저 상대방의 펜토미노의 모양과 위치를 맞히는 사람이 이깁니다.

이것도 저희 GTG 사고력 수학에서 만든 독창적인 게임입니다. 15년 넘게 수업했는데 학생들이 무척 재미있어 합니다. 추론 능력과 함께 공간지각력도 개발합니다.

4×4 격자와 테트로미노(정사각형 4개를 붙인 모양)를 이용하면 더 쉬워집니다.

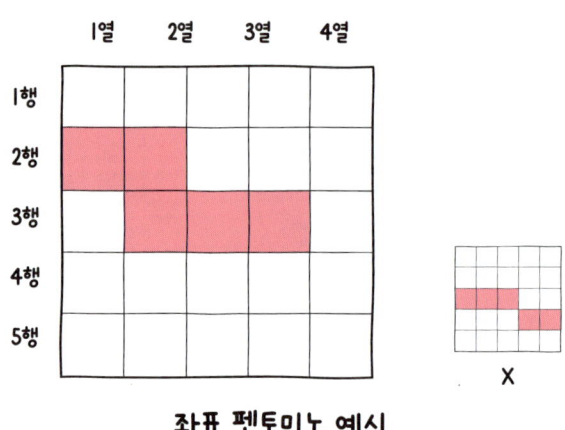

좌표 펜토미노 예시

딩동댕 게임

세트(SET) 카드로 진행하는 게임입니다. 카드는 색깔(빨강, 파랑, 초록), 개수(1개, 2개, 3개), 모양(다이아몬드 모양, 알약 모양, 구불구불한 모양), 무늬(줄무늬, 민무늬, 찬무늬)라는 속성마다 3가지의 다른 종류가 있습니다. 합쳐서 12가지 다른 성질의 카드가 있습니다.

술래를 정한 뒤에 술래가 이 중의 한 가지 성질을 몰래 정합니다. 예를 들면 비밀의 성질을 빨강으로 정하는 것이지요. 술래가 아닌 사람들은 차례대로 바닥에 있는 카드 중에서 한 카드를 내어놓습니다. 술래는 그 카드에 비밀의 성질이 있으면 '딩동댕'라고 말하고 없으면 '땡'이라고 말합니다. 주어진 횟수 안에 카드를 내놓은 다음에 비밀의 성질을 맞히면 성공입니다.

가설을 세우고 가설을 확인하는 실험을 설계한 뒤에, 실제로 실험을 실행해서 가설을 확인하고 수정하는 과정을 매우 재미있게 경험할 수 있습니다. 실험할 수 있는 횟수를 줄이면 점점 더 정교하게 추론합니다. 비밀의 성질을 2개로 늘이면 추론의 난도가 많이 높아집니다.

세트 카드가 없으면 속성 블록을 이용해도 되고, 세트 카드를 출력해서 써도 됩니다.

게스 후(GUESS WHO)

스무고개처럼 질문을 해서 상대방의 비밀을 알아내는 게임입니다. 귀여운 캐릭터와 아기자기한 교구가 있어서 아이들이 좋아합니다. 추론 게임 중에서 가장 어린 학생들이 참여할 수 있습니다.

반드시 자기가 질문한 내용과 상대방이 대답한 내용을 기록하게 지도해야 합니다. 복기하면서 추론 능력이 더 빨리 개발됩니다. 제작사 홈페이지에서 추가 캐릭터를 내려받을 수 있어서 더 많이 즐길 수 있습니다.

비밀의 캐릭터를 2명 정해서 둘 다 맞히도록 규칙을 바꾸면 난도가 올라가서 더 오래, 더 깊이 있게 게임할 수 있습니다.

시리즈 교구

앞서 언급한 교구나 보드게임들은 한 번씩 가지고 진행하기 좋은 것들입니다. 《1031》같은 사고력 문제집과 병행하여 프로그램화하기 좋은, 시리즈로 된 교구들을 따로 소개합니다. 어떤 능력을 키워 주는지는 표로 정리했습니다.

플라토

플라토 시리즈는 공간지각력을 개발하고 교과서에 나오는 도형 관련 지식을 훈련하는 프로그램입니다. 공간지각력과 배경지식의 개발 단계에 맞춰서 섬세하게 설계되었습니다. 학교 교육과정과 연계된 장점도 있습니다. 필요한 교구가 책의 부록에 활동지 형태로도 있고, 따로 판매하는 '입체 주머니'와 '평면 주머니' 형태로도 있습니다.

 교재  주머니

플라토는 쉬운 순서로 S, P, A~F로 나눕니다. 교재에서 권장

하는 나이를 참고해서 서점에서 몇 문제 풀러 보고 알맞은 교재를 선정합니다.

과제집착력	2	유연성	3
논리력	1	공간지각력	4
연산력	1	추론 능력	2
규칙이해력	2	문제해결력	3
수학적 이해력	2	탐구 능력	2

조이매스

조이매스는 사고력 수학 교구 개발업체이자 쇼핑몰로 잘 알려져 있습니다. 공간지각력을 개발하는 교구(칠교, 펜토미노, 펀큐브, 폴리오큐브, 소마큐브)마다 쉬운 것부터 어려운 것까지 워크북을 수준별로 잘 만들어 두었습니다.

실제로 사용하는 방법을 알려 드립니다. 조이매스 쇼핑몰에서 교구를 구입합니다. 그리고 워크북은 조이매스 쇼핑몰>조이매스>조이매스 워크북에서 구입합니다. 난이도에 따라서 워크북을 프로그램으로 구성하면 됩니다.

예를 들면, 워크북은 쉬운 순서로 꼬마큐브 수준1, 수준 2, 소마큐브 수준1, 수준2, 영재용입니다. 이 중에서 맞는 수준을 선정해서 진행하면 됩니다.

과제집착력	4	유연성	4
논리력	1	공간지각력	5
연산력	1	추론 능력	3
규칙이해력	2	문제해결력	4
수학적 이해력	1	탐구 능력	4

아키텍토 시리즈

이퀼리브리오equilibrio, 탱그라미노tangramino, 아키텍토architecto, 클리코cliko로 이어지는 입체도형 퍼즐입니다. 오랫동안 수업했는데 명작입니다. 이퀼리브리오부터 탱그라미노, 아키텍토, 클리코로 갈수록 어려워집니다. 클리코는 퍼스펙토perspecto로 이름이 바뀌었다가 아쉽게도 절판되었습니다. 위, 앞, 옆과 입체도형을 함께 상상하는 능력을 훈련하는 데 크게 도움이 되는 교구인데 아쉽습니다. 가능하다면 빌려서 사용할 것을 권할 정도로 추천합니다.

참고로 이들 교구는 워크북은 다르지만 교구는 한 가지입니다. 셋 중의 아무 퍼즐이나 구입한 뒤에 워크북만 따로 중고마켓 등에서 구할 수 있으면 비용을 아낄 수 있습니다. 모든 워크북은 처음에 쉽게 시작해서 점점 어려워져서 뒷부분은 어른도 어려울 정도입니다.

과제집착력	5	유연성	4
논리력	1	공간지각력	5
연산력	1	추론 능력	4
규칙이해력	2	문제해결력	5
수학적 이해력	1	탐구 능력	4

각종 논리 퍼즐

스도쿠, 노노그램, 가쿠로와 같은 유명한 논리퍼즐은 난이도별로 워크북이 매우 다양하게 존재합니다. 앱이나 온라인으로도 많이 서비스됩니다. 논리력과 과제집착력을 개발하는 효과가 커서 강력하게 추천합니다.

과제집착력	5	유연성	4
논리력	5	공간지각력	1
연산력	1	추론 능력	4
규칙이해력	2	문제해결력	4
수학적 이해력	2	탐구 능력	5

핵심은 정서와 태도

여기까지 각종 교구를 소개했습니다. 필요한 능력에 따라, 혹은 아이의 재미와 흥미에 따라 교구를 선택해 마음껏 진행하면 됩니다.

다만 교구를 진행할 때 주의해야 할 것이 있습니다. 아이가 교구 활동을 학습으로 여기지 않는 것입니다.

잘하지 못한다고 눈치를 주거나 혼내지 마세요. 대신 잘할 때 손뼉을 쳐 주고, 때로는 슬쩍 져 주기도 하면서 아이가 교구에 흥미를 가지고 재미를 붙이도록 유도해야 합니다.

집에서 사고력 수학을 하면서 즐거웠던 기억, 칭찬 받은 기억만 남겨 주는 것이 핵심입니다. 사고력은 하루 힘줘서 개발되는 거 아니고, 꾸준히 길게 가야 됩니다. 정서와 태도, 능력을 개발하는 것이 목적이니까요. 진을 빼거나 힘든 기억을 남기면 안 됩니다. 어린 시절 사고력 수학을 떠올리면 부모와 즐거웠던 추억으로 남을 수 있게 해 주세요.

우리 동네에는
사고력 수학 학원이 없는데요 3

부모표 사고력 프로그램

사고력 수학을 부모표로 교육할 수 있게 프로그램을 짜 드리겠습니다. 모든 아이에게 그대로 적용할 수 있는 것은 아니고 하나의 가이드입니다. 아이에게 맞게 더하거나 빼거나 바꾸어서 사용하세요.

사고력 문제집의 진도

다음에 나올 각 프로그램에서 대부분의 문제집은 1주일에 1개 단원을 1~2시간 공부하는 것을 기준으로 짰습니다. 사고력 문제집은 지식을 배우는 것이 아니고 능력을 기르는 것이 주목적입니다. 그래서 깊이 생각할 시간이 충분히 있어야 하기에 너무 많은 문제를 풀지 않도록 프로그램을 설계했습니다. 저희 경험으로는 1주일에 2개 단원을 공부하는 것은 많은 학생에게는 살짝 한계선을 넘습니다.

사고력 문제집의 진도를 과하게 빨리 나가면 어떤 문제가 있는지 사례를 들어 보겠습니다. 저희 학원에 한 신입생이 왔는데, 방학특강으로 사고력 문제집 1권 36개 단원을 끝냈다고 합니다. 어떻게 공부했는지 물어보니까 선생님이 가르쳐 주고 배운 대로 따라 풀었답니다. 일주일에 5단원씩 진도를 나가야 해서 어려운 문제를 만나면 오래 생각할 수 없었다고 합니다. 숙제가 너무 많아서 어려운 문제는 별표를 치고 넘어간 뒤에 도움을 받았다고 합니다.

그 학생은 수학 정서가 아주 나빴고, 처음 보는 어려운 문제를 만나면 금방 포기했습니다. 이 학생의 수학 정서와 태도를 회복시키기 꽤나 힘들었습니다.

교과 수학 프로그램은 공부 시간을 2배, 3배 늘리면 지식을

2배, 3배 많이 학습할 수 있습니다. 하지만 사고력 수학 프로그램은 공부 시간을 2배, 3배 늘린다고 능력이 2배, 3배 빨리 개발되지 않습니다. 어느 선을 넘으면 사고력이 개발되기는커녕 오히려 부상의 위험이 커집니다.

1주일에 1개 단원만 공부하는 또 다른 이유는 교과 수학에 투자하는 시간을 확보해야 하기 때문입니다.

교과 수학은 어떤 지식을 모르고 넘어가면 다음 지식을 배울 수 없으니까 모르면 꼭 배우고 넘어가야 합니다. 하지만 사고력 수학은 어떤 문제를 못 풀더라도 다음 문제를 못 푸는 것이 아닙니다. 사고력 수학은 지식을 학습하는 것이 목표가 아니라 능력을 개발하는 것이 목표이므로 모르는 것이 있더라도 진도를 나가야 합니다. 진도를 나가다가 못 푸는 문제가 있으면 답지를 안 보고 부모의 도움도 받지 않습니다.

그럼 못 푸는 문제는 어떻게 하느냐? 미리 정한 시간(10분~20분) 동안 생각해 보고 모르면 일단 넘어갑니다. 다음 공부할 때 그날 공부할 진도를 나간 후, 그전에 못 푼 문제를 또 생각합니다. 이렇게 몇 번을 해도 못 푸는 문제는 남겨 두고 진도를 나갑니다. (165쪽에 있는 포스트잇 몰입법을 이용하면 매우 좋습니다) 책 한 권이 끝나거나 2달이 지나면, 한 주는 그동안 못 풀었던 문제만 집중적으로 풉니다. 그래도 못 풀면 도움을 받고 '한 줄풀이'를 작성합니다.

부모표 사고력 프로그램 1: 사고력이 매우 강한 경우

147쪽의 프로그램은 《필즈수학》(쉬운 순서대로 킨더, 베이직, 입문, 초급, 중급, 고급)과 《3%》(쉬운 순서로 2과정, 3과정)를 기준으로 만들었습니다. 저희 학원에서 몇 년간 많은 학생과 수업하며 효과와 안정성이 검증된 프로그램입니다. 사고력이 매우 강하거나 전문 학원에서 사고력 수업을 병행하는 경우에 알맞습니다.

교과 심화와의 연계

147쪽 표에서 교과 심화 항목은 사고력 문제집을 공부할 때 교과 심화 문제집에서 어느 정도 난이도의 문제를 풀 수 있는지를 나타내는 것입니다. 구체적으로는 초등의 경우 《최상위 수학》 문제집 안의 하이레벨 문제를 뜻하고, 중등의 경우 《에이급 수학》 문제집 안의 A단계 문제입니다.

예를 들면, 《필즈수학》 베이직을 공부할 때 《최상위 수학》 3학년 하이레벨을 혼자서 간신히 풀 수 있습니다. 《필즈수학》 입문을 하면 《최상위 수학》 3학년 하이레벨을 누구 도움 없이도 적당히 풉니다. 《필즈수학》 초급을 하면 《최상위 수학》 3학년 하이레벨을 혼자 힘으로 편하게 풀 수 있습니다.

여기서 제시한 《최상위 수학》이나 《에이급 수학》보다 난이

부모표 사고력 프로그램 1

사고력이 매우 강한 경우

진도

기간	교재	교과 심화
6개월	《필즈수학》 킨더	《기본+응용》(디딤돌) 2학년
6개월	《필즈수학》 베이직	《최상위 수학》 3학년
6개월	《필즈수학》 입문	《최상위 수학》 3~4학년
8개월	《필즈수학》 초급	《최상위 수학》 3~5학년
8개월	《필즈수학》 중급	《최상위 수학》 4~6학년
8개월	《필즈수학》 고급	《최상위 수학》 5~6학년 《에이급 수학》 1학년
10개월	《3%》 2과정	《최상위 수학》 6학년 《에이급 수학》 1학년
10개월	《3%》 3과정	《에이급 수학》 1~3학년

능력별 개발 효과

과제집착력	3	유연성	3
논리력	3	공간지각력	1
연산력	2	추론 능력	2
규칙이해력	4	문제해결력	5
수학적 이해력	3	탐구 능력	3

0점: 효과가 전혀 없다 | 5점: 효과가 매우 크다

도가 낮은 문제집이라면 조금 더 높은 학년의 문제집과 짝이 됩니다. 예를 들면, 《최상위S》의 경우 《필즈수학》 입문을 하면 4학년 《MATH MASTER》가 편하게 풀리고 5학년 《MATH MASTER》가 근근이 풀리는 식입니다.

초등 1학년과 2학년의 경우 심화는 풀지 않고 응용까지만 풀기를 권하기 때문에 응용서를 어디까지 풀 수 있는지 표시했습니다.

중간중간 시험으로 확인하기

모든 과정은 2달에 1번씩 그동안 배운 과정을 시험을 치면 좋습니다. 각 책에서 문제를 뽑으면 되는데, 그동안 공부한 책에서 중요한 문제(주로 대표문제)나 틀린 문제를 뽑으면 됩니다. 숫자를 변형해서 만들면 가장 좋지만, 그럴 수 없다면 '과제스캐너' 같은 필기 제거 앱을 사용해서 교재에서 원하는 문제를 뽑아내면 됩니다. 똑같은 문제라도 풀이 과정을 쓰라고 하면 답만 외웠는지 제대로 아는지 확인할 수 있습니다.

시험 시간은 1시간 정도가 적당하지만 시간을 더 달라고 하면 더 줘도 됩니다. 답은 틀렸어도 풀이 과정이 일부 맞으면 부분 점수를 후하게 주세요. 사고력 시험은 내신 시험과 달리 '빠르고 정확하게'가 목표가 아니고, 복습과 그동안 노력한 것에 대한 인정이 목표이기 때문입니다.

진도대로 못 나가면 어떻게 해요?

부모표 사고력 프로그램 1은 교과 수학의 진도가 선행 기준으로 중2 과정을 끝낼 때면 《필즈수학》 고급이 끝나도록 설계되어 있습니다. 킨더부터 고급까지 42개월 걸리는데 이 기간에 교과 수학은 선행 기준으로 초2부터 중2까지 7개 학년을 끝냅니다. 1년에 2개 학년 진도를 나가는 페이스입니다.

이 프로그램을 오래 운영해 보면 중간에 《필즈수학》 베이직을 끝내고 바로 입문을 올라갈 수 없는 학생이 종종 있고, 입문을 끝내고 바로 초급으로 못 올라가는 학생이 꽤 있습니다. 이런 경우에는 중간에 연결 프로그램을 넣어야 합니다. 베이직을 끝내고 입문으로 못 올라가면 연결 프로그램으로 《1031》 입문을 2개월~6개월 공부합니다.

이때 무엇을 공부할까요? 베이직으로 공부하면서 어려웠던 주제인데 《1031》 입문에도 있는 주제를 찾아서 공부하면 됩니다. 골라내기 어려우면 《1031》 아무 권이나 선택해서 풉니다.

입문을 끝내고 초급으로 못 올라가면 연결 프로그램으로 《1031》 초급을 2개월~6개월 공부합니다.

부모표 사고력 프로그램 2

사고력이 강한 경우

프로그램

기간	교재	교과 심화
6개월	《팩토》 1	《기본+응용》(디딤돌) 1~2학년
10개월	《1031》 pre	《기본+응용》(디딤돌) 2학년 《최상위 수학》 3학년
12개월	《1031》 입문	《최상위 수학》 3~4학년
12개월	《1031》 초급	《최상위 수학》 3~5학년
12개월	《1031》 중급	《최상위 수학》 4~6학년
12개월	《1031》 고급	《최상위 수학》 5~6학년 《에이급 수학》 1학년

능력별 개발 효과

과제집착력	3	유연성	3
논리력	3	공간지각력	1
연산력	2	추론 능력	2
규칙이해력	4	문제해결력	5
수학적 이해력	3	탐구 능력	3

부모표 사고력 프로그램 2: 사고력이 강한 경우

150쪽의 프로그램은 《1031》(쉬운 순서로 pre, 입문, 초급, 중급, 고급)과 《팩토》를 기준으로 만들었습니다. 저희 학원에서 몇 년간 많은 학생과 수업하며 효과와 안정성이 검증된 프로그램입니다.

《팩토》는 기본이 아니라 응용으로 공부합니다. 기본은 부모님이 설명해 줘야 하는 상황이 너무 많아서 번거롭기 때문입니다. 기본과 응용의 난이도 차이는 거의 없습니다. 참고로 《팩토》 1이 아니라 《TOP 사고력》 P단계를 이용해도 좋습니다. 활동이 많아서 학생이 생각을 전개하기가 더 수월하다는 장점도 있습니다.

이 프로그램에서 교과 심화, 진도, 시험 등은 앞의 경우와 같습니다. 교과 수학의 진도가 선행 기준으로 중2 과정을 끝낼 때면 《1031》 고급이 끝나도록 설계되었습니다. 《팩토》 1부터 《1031》 고급까지 64개월 걸리는데, 이 기간에 교과 수학은 선행 기준으로 초1부터 중2까지 8개 학년을 끝냅니다. 1년에 3개 학기 진도를 나가는 페이스입니다.

방학 같은 시기를 이용해서 1주일에 2개 단원씩 진도를 나가는 가속 구간을 두는 것도 좋습니다.

부모표 사고력 프로그램 3

사고력을 개발하는 중인 경우

프로그램

기간	교재	교과 심화
12개월	《팡세》 P~B	《기본+응용》(디딤돌) 1~2학년
10개월	《팩토》 1레벨~2레벨	《최상위 수학》 3학년
12개월	《팩토》 2레벨~3레벨	《최상위 수학》 3~4학년
12개월	《1031》 초급	《최상위 수학》 3~5학년
12개월	《1031》 중급	《최상위 수학》 4~6학년
12개월	《1031》 고급	《최상위 수학》 5~6학년 《에이급 수학》 1학년

능력별 개발 효과

과제집착력	3	유연성	3
논리력	3	공간지각력	1
연산력	2	추론 능력	4
규칙이해력	4	문제해결력	4
수학적 이해력	3	탐구 능력	3

부모표 사고력 프로그램 3: 사고력 개발 중인 경우

이 프로그램은 《팡세》(쉬운 순서로 S, P, A, B)와 《팩토》 그리고 《1031》을 기준으로 만들었습니다. 《팡세》는 사고력을 개발 중인 학생들이 자기 머리로 생각하는 습관을 들이기에 좋은 교재입니다. 특히 학습지처럼 날마다 10분만 투자하면 작은 성취감을 맛볼 수 있도록 구성되어서 사고력을 처음 시작하는 학생이 생각하는 맛을 들이기에 좋습니다. 부모님도 관리하기 편해서 부모표로 사고력을 공부할 때는 시동 모터의 역할을 톡톡히 할 수 있습니다.

교과 심화, 진도, 시험 등은 앞의 경우와 같습니다.

교구를 까먹으면 안 됩니다

앞에서 살펴본 부모표 사고력 프로그램은 문제집만 나와 있지만, 어디까지나 교구를 한다는 전제 하에 짜인 것입니다. 특히 문제집만 풀어서는 특히 공간지각력이 거의 개발되지 않습니다. 그리고 사고력 수학을 하다 보면 아이에게 모자라는 영역이 보입니다. 예를 들어 사고력 문제집에서 도형 문제를 푸는데 도저히 안 풀린다면 공간지각력이 모자란 것입니다. 따라서 공간지각력을 개발하는 전문 프로그램을 추가해야 합니다. 마치 밥을 먹지만 필수 영양소가 부족하면 칼슘 영양제, 비타민 영양제를 따로 먹는 것과 같습니다.

138쪽에서 소개한 시리즈 교구를 하나 선택해 진행하고, 필요한 능력이 보이면 120쪽부터 138쪽까지 능력별로 정리한 개별 교구를 보고 선택해 시키세요. 필요에 따라 잠시 문제집 진도를 멈추고 아주 집중적으로 시켜도 되고, 문제집과 함께 가볍게 가지고 가도 좋습니다. 아이의 수학 정서와 태도, 능력에 따라 유동적으로 끌고 가세요.

도움이 필요할 때

집에서 아이와 사고력 문제집을 진행하는 것은 생각만큼 만만한 일이 아닙니다. 아이나 부모나 모두 시간이 필요한 일이며, 때에 따라서는 아무리 해도 잘 안 될 때가 있습니다. 그렇다고 포기하면 안 됩니다. 도움이 필요한 분들을 위한 온라인 프로그램이 마련되어 있습니다.

인터넷 강의

인터넷 강의로 사고력 수학을 수강할 수 있습니다. 인터넷

강의 사이트에서 '1031'이나 '필즈', '팩토'를 검색하면 많은 강의가 있습

엘리하이   EBS   안쌤

니다. 인터넷 강의라서 수업 중에 딴짓을 하기 쉽고, 끝까지 완강하기 어렵습니다. 부모님의 도움이 절대로 필요합니다.

  절대 인터넷 강의를 먼저 보면 안 됩니다. 반드시 학생이 문제집을 먼저 풀어 보고 나중에 인터넷 강의를 들어야 합니다. 인터넷 강의를 먼저 들으면 자기 머리로 생각할 기회가 없어서 문제해결력이 길러지기 어렵습니다.

  인터넷 강의 업체는 엘리하이(https://junior.mbest.co.kr/), EBS 초등on(https://on.ebs.co.kr/main.ebs), 안쌤 영재교육연구소(https://anssamedu.com/) 등이 있습니다.

온라인 화상 수업

  줌 등을 이용한 온라인 화상 수업은 인터넷 강의의 단점을 보완할 수

GTG   CMS   꾸그

있습니다. 교사와 얼굴을 보고 실시간으로 상호작용을 하면서 수업하니까 수업 중에 딴짓을 하는 일이 거의 없습니다. 그리고 교사와 학생 사이에 인간적인 관계가 생기고 같이 수업하는 학생끼리 동료관계가 생겨서 끝까지 완강하는 비율이 매우 높습니다. 저희 학원이 5년간 온라인 화상 수업을 했는데 교재 한 권을 끝내는 완강률이 95%가 넘습니다. 나아가 인강과 달리 문

제를 풀면서 학생이 스스로 생각할 시간을 줍니다. 문제를 풀고 나서도 교사가 학생과 문답을 할 수도 있고, 학생끼리 토론하거나, 서로 다른 풀이를 발표하기도 합니다. 수업이 끝나고 숙제를 관리하고, 첨삭 서비스를 하거나 수학일기를 쓰는 등의 입체적인 활동을 합니다. 경험으로는 오프라인 사고력 수학 수업의 약 80%의 효과가 있습니다.

수업료는 인터넷 강의보다는 비싸지만 오프라인 사고력 수학보다 저렴합니다. 등하원에 걸리는 시간이 절약되는 점을 생각하면 수업료도 나름 합리적입니다.

온라인 화상 수업 업체는 GTG 수학(www.gtgmath.co.kr), CMS 노이지(https://vlc.creverse.com/brand/noisy) 등이 있습니다. 혹은 꾸그(https://www.gguge.com/)에서 사고력 수학 혹은 사고력 문제집 이름으로 검색해도 다양하게 나오니 참고 바랍니다.

수학 독서

마지막으로 사고력에 도움이 되는 책들을 소개합니다. 해당 학년 때 읽어 보길 바랍니다. 분류하면 지식탐구 사고력에 해당하는데, 독해력을 같이 키우므로 아주 효과적입니다.

1~2학년

제목	내용	저자	출판사
개념연결 만화 수학교과서(1~6학년)	전체		비아에듀
수똑똑 수학동화(69권)	전체		한국헤르만헤세
스토리텔링 수학동화(1~6학년)	전체		예림당
견우와 직녀가 분수 때문에 싸웠대	수와 연산	이안 외	뭉치
나도 수학 좀 좋아해 볼까?	전체	베서니 바튼	토토북
떡장수 할머니와 호랑이는 구구단을 몰라	수와 연산	김준영 외	뭉치
분수놀이	수와 연산	로렌 리디	미래아이
분수와 소수	수와 연산	로지 디킨스	어스본 코리아
수리수리마수리 암호 나라로!	변화와 관계	고희정	토토북
수학대왕이 되는 놀라운 숫자 이야기	수와 연산	데니스 슈만트-베세라트	미래아이
수학식당 1~3	전체	김희남	명왕성은 자유다
수학아 수학아 나 좀 도와줘1	전체	조성실	삼성당
수학이 정말 우리 세상 곳곳에 있다고?	전체	후안 사비아	찰리북
쉿! 신데렐라는 시계를 못 본대	도형과 측정	고자현	뭉치
신통방통 수학 1~13	전체	서지원	좋은책어린이
알쏭달쏭 알라딘은 단위가 헷갈려	도형과 측정	황근기 외	뭉치

자신만만 기초 수학	전체	이혜옥	아이즐북스
커졌다 작아졌다 콩나무와 거인	도형과 측정	앤 매캘럼	주니어김영사
양말을 꿀꺽 삼켜버린 수학 1	수와 연산	김선희	생각을 담는 어린이
할까 말까?	자료와 가능성	김희남	한솔수북

3~4학년

제목	내용	저자	출판사
Why? 수학 시리즈	전체	예림당	
몬스터 마법수학 시리즈	전체	경향에듀	
선생님도 놀란 수학뒤집기 기본편	전체	성우주니어	
수학 유령 시리즈	전체	글송이	
나누기, 수학 책을 탈출하다	나누기	장경아 외	생각하는 아이지
돼지 삼총사 아슬아슬 수학 소풍	수학적 사고력	로베르트 그리스벡	다림
반갑다, 논리야	논리력	위기철	사계절
베드타임 매쓰 1~3	수학 퀴즈	로라 오버덱	미래엔 아이세움
분수와 소수가 우리 집으로 들어왔다!	분수와 소수	황혜진	생각하는 아이지
분수의 변신	분수	에드워드 아인혼	키다리
사각형: 수학, 과학, 자연에서 찾는 도형	일상 속 도형	캐서린 셸드릭 로스	비룡소

제목	내용	저자	출판사
수학 영재들 지구를 지켜라!	수학적 사고력	김성수	주니어김영사
수학아 수학아 나 좀 도와줘 2	수학 개념	조성실	삼성당
수학을 사랑한 아이	수학자 위인전	데보라 하일 리그먼	봄나무
어린이를 위한 통계란 무엇인가	통계	신지영 외	주니어김영사
왕코딱지의 만점 수학	수학 원리	서지원	처음주니어
초등 선생님이 콕 집은 제대로 수학개념: 3~4학년	수학 개념	장은주 외	다락원
초등학생을 위한 멘사 수학 퍼즐	수학 퍼즐	헤럴드 게일 외	바이킹
평면도형이 운동장으로 나왔다!	평면도형	김지연	생각하는 아이지
플라톤 삼각형의 비밀	삼각형	김성수	주니어김영사

5~6학년

제목	내용	저자	출판사
선생님도 놀란 수학뒤집기 심화편	전집	성우	
수학자가 들려주는 수학이야기	전집	자음과모음	
12개의 황금열쇠	비례식	김용세	주니어김영사
과학공화국 수학법정 4	비와 비율	정완상	자음과모음
그러니까 수학이 필요해	수학의 쓸모	로뱅 자메	노란상상

단위와 비 이야기	단위와 비	세리자와 쇼조	지브레인
분수, 넌 내 밥이야!	분수	강미선	북멘토
세상 밖으로 날아간 수학	수학 개념	이시하라 기요타카	파란자전거
수학 귀신	수학 원리	한스 엔첸스베르거	비룡소
수학 소년, 보물을 찾아라!	수학적 사고력	김용세	주니어김영사
수학이 수군수군 시리즈	수학 이야기	샤르탄 포스키트	주니어김영사
숫자도깨비!	소인수분해	리차드 이반 슈바르츠	지양어린이
양말을 꿀꺽 삼켜버린 수학 2	도형	김선희	생각을 담는 어린이
원	일상 속 도형	캐서린 셸드릭 로스	비룡소
이런 수학은 처음이야	도형	최영기	21세기북스
초등 선생님이 콕 집은 제대로 수학개념: 5~6학년	수학 개념	장은주 외	다락원
탈레스 박사와 수학영재들의 미로 게임	배수, 약수	김성수	주니어김영사
피타고라스 구출작전	피타고라스의 정리	김성수	주니어김영사
함정에 빠진 수학	수	권재원	주니어김영사
황금비 수학동화	비와 비율	함기석	처음주니어

우리 동네에는 사고력 수학 학원이 없는데요 4

부모의 태도와 전략

사고력 수학을 잘하고 싶다면 어떤 사고력 수학 도구를 선택하느냐도 중요하지만, 그걸 어떻게 이끄느냐가 정말 중요합니다. 중요한 건 부모의 태도와 전략입니다.

부모가 갖추어야 하는 태도와 전략을 8가지 키워드로 정리했습니다. 이것들만 숙지하면 집에서도 아이를 성공적으로 이끌 수 있습니다. 이 키워드는 비단 아이를 이끌 때뿐만 아니라 독자 여러분 스스로에게도 적용할 수 있습니다.

- ✅ 집중
- ✅ 탐구 학습
- ✅ 즉각적이고 긍정적인 피드백
- ✅ 따뜻한 문화
- ✅ 몰입
- ✅ 축하 시스템
- ✅ 과정 피드백
- ✅ 성장 마인드셋

어떤 일을 스스로 잘하고 싶을 때 이 키워드를 꼭 기억하세요. 혹은 아이가 아니더라도 남이 무언가를 잘하게 만들고 싶을 때도 응용 가능합니다.

① 집중: 소수의 좋은 문제에 집중하라

빨리 무언가를 하고 싶은 마음에 너무 많은 문제를 풀게 하면 그저 교과 수학 수업처럼 지식을 주입하고 문제를 암기하게 됩니다. 이래서는 아이가 어려운 문제를 깊이 생각할 겨를이 없습니다.

사고력 수학의 목적은 정서, 태도, 능력에 있음을 기억합시다. 아이가 충분히 깊이 생각할 수 있도록 도전할 과제의 양을 줄이세요. 그래야 문제가 어려워도 느긋하게 깊이 생각할 수 있습니다. 부모표 사고력 프로그램에서, 문제집은 일주일에 1단원만 나가도록 짠 이유가 있습니다.

그렇다면 어떻게 소수의 좋은 문제를 알아보고 골라낼까요? 부모표 사고력 프로그램에서 제가 제시한 문제집들은 다 좋은 문제만 담고 있습니다. 애초에 좋은 문제를 체계적으로 모아놓은 프로그램이 사고력 수학이기 때문이지요. 그러니 문제집을 살피며, 아이 입장에서 도전적이고 흥미롭게 여겨지는 문제를 골라 주면 됩니다. 잘 풀면 다음 문제, 못 풀면 집중하게 둡니다.

그래도 좋은 문제와 나쁜 문제라는 개념이 모호하다면 다음을 참고하세요.

좋은 도전 문제

1. 학생의 현재 수준에서 도전적이고 흥미롭다.
2. 학생이 배울 만한 중요한 수학적 개념을 담고 있다.
3. 다양한 풀이법과 답이 있다(열린 문제).
4. 학생들이 현재 가진 지식을 끌어내어, 더 높은 수준에서 재구성하게 한다.
5. 추가 탐구로 확장할 여지가 크다.

> **나쁜 도전 문제**
>
> 1. 흥미롭지 않다.
> 2. 배경지식과 숙달된 기술이 너무 많이 필요하다. 문제 자체에도 힘을 써야 하고 지식과 기술에도 힘을 써야 해서 깊이 생각하기 어렵다.
> 3. 풀이와 답이 하나로 정해져 있다(닫힌 문제). 자유롭게 탐구하기 어렵고, 기억을 되살리는 데 지나치게 힘을 쓰게 된다.
> 4. 문제의 이해와 실행이 지나치게 까다롭다. 긴 문장제 문제, 발상까지는 평이한데 곳곳에 함정이 있는 문제, 시간 내에 풀기 어려운 문제 등. (이런 문제를 지저분한 문제, 꼬질꼬질한 문제, 가시밭길 문제라고 부른다)
> 5. 문제를 풀려면 상급 학년 지식이 필요하다.

② 몰입: 간단한 방법으로 뇌를 자라게 하라

많은 분들이 '좋은 프로그램이 있어야 점진적으로 몰입을 시킬 수 있다'라고 오해하곤 합니다. 하지만 집에서도 충분히 몰입을 시킬 수 있습니다. 그만큼 사고력 문제집들이 잘 나와 있습니다. 아이에게 맞는 난도의 문제를 아주 적게 제시하면 됩니다. 앞서 '집중'에서 양을 줄이라고 했는데, 그 이유 중 하나가 몰입을 위해서입니다. 숙제처럼 많이 던져 주면 빨리빨리 해치워야 하기 때문에 몰입이 힘듭니다. ==깊이 몰입시키려면 한두 문제만 던져 줘야 합니다.==

그런데 사고력이 덜 개발되어서 과제집착력이 약한 아이들은 깊이 몰입하기 힘들어합니다. 몰입을 위해 사고력 수학을 하는데, 사고력이 모자라 몰입이 안 되는 역설을 가진 아이는 어떻게 다루어야 할까요? 다음에 소개하는 방법들은 정말 효과가 좋으니 아이와 함께 꼭 실천해 보기 바랍니다.

칠판 몰입법

칠판을 하나 사서 잘 보이는 곳에 배치합니다. 그리고 도전할 만하고 흥미로운 문제를 써 놓습니다. 아이가 왔다 갔다 하면서 그 문제가 생각나면 풀게 유도합니다. 다 풀면 엄마나 아빠한테 자랑하게 자리를 만들어 줍니다. 이것을 하루에 한 문제씩만 진행해도 좋습니다.

포스트잇 몰입법

사고력 문제집을 진행할 때 쓰는 방법입니다. 아이가 못 푸는 문제를 가르쳐 주지 않고, 포스트잇에 적게 합니다. 이 포스트잇을 들고 다니면서 자투리 시간에 풀게 합니다. 차를 타고 이동하는 시간, 밥 먹는 시간, 간식 먹는 시간 등… 이렇게 하다 보면 문제가 외워지고, 외워지고 나면 신기하게도 며칠 뒤에 풀어 가지고 온 아이의 모습을 보게 됩니다.

어떻게 이게 가능할까요? 문제가 외워져서 시도 때도 없이 생각하면 뇌의 잠재의식이 이렇게 생각합니다. "이 문제가 얼마나 중요하길래 얘가 시도 때도 없이 이 문제를 풀려고 하지? 목숨이 걸린 문제인가 보다. 꼭 풀어야지." 잠재의식이 24시간 내내 문제를 풉니다. 그러면 자다가 깰 때 풀리기도 하고, 멍하게 있을 때 풀리기도 하고, 세수하다 풀리기도 합니다.

이렇게 몰입했다가 성공하면 성취감이 정말 크게 느껴지고, 성취감이 크니까 다음에는 더 어려운 문제에 더 오래 매달릴 수 있습니다.

③ 탐구 학습: 답답하다고 가르치려 들지 말라

지식을 학습하는 방식은 두 가지가 있습니다. 하나는 아무런 정보가 없는 상태에서 직접 부딪쳐 보고 시행착오를 거치며 배우는 탐구 학습이고, 다른 하나는 다른 사람에게 지식을 배우는 전수 학습입니다.

이미 알아채셨겠지만, 사고력 수학은 전수 학습 방식으로 가르치면 안 됩니다.

아이는 호기심을 해결하기 위해 새로운 상황을 추측하고, 실행하고, 추측이 맞는지 확인하고, 추측이 틀리면 추측을 수정하는 과정을 거치며 지식을 탐구합니다. 호기심은 새로운 상황을 이해할 수 있을 때까지, 혹은 새로운 상황을 이해하기가 너무 어려워서 포기할 때까지 지속됩니다. 만약 새로운 상황을 이해하는 데 성공하면 성취감을 느끼고 보상회로가 작동됩니다. ==이러한 탐구 학습을 통하면 학습한 지식이 더 오래 기억되고, 응용력도 기를 수 있습니다. 무엇보다도 학습에서 느낀 성취감 때문에 수학과 수학을 공부하는 자체를 즐기게 됩니다.== 아이가 스스로 탐구하고 발견한 지식이 진짜 지식 체계에서 어떻게 연결되는지 알려 주는 데 그치면 됩니다.

다만 자칫하면 스스로 알아낸 지식이 부정확하거나 체계적이지 않을 수 있는데요. 다음과 같이 지도하면 됩니다.

- 단원 첫 부분에 나오는 이론 설명을 보지 않게 합니다. 이론 설명은 대표문제를 혼자 힘으로 푼 다음에 학습하게 합니다. 대표문제를 맞았더라도 꼭 이론 설명을 공부하게 합니다. 아이의 풀이와 다른 풀이를 배울 수도 있고, 문제를 풀면서 경험한 내용을 개념과 원리로 확장할 수도 있기 때문입니다.

- 문제 옆에 있는 힌트도 못 보게 가립니다. 안 가리면 저절로 눈이 갑니다. 흔히 학생들은 힌트의 도움을 받고 푼 것도 자기 힘으로 풀었다고 착각합니다. 가릴 때는 포스트잇을 이용해도 좋고, 종이를 접거나 잘라서 테이프를 이용해도 좋습니다. 정 안 풀리면 먼저 문제를 낭독하게 합니다. 그래도 안 풀리면 구하는 것과 주어진 것을 하나씩 말합니다. 숫자 몇 개를 넣어 보거나 문제를 그림으로 나타내게 합니다. 그래도 안 되면, 정말 최후의 수단으로 옆에 있는 힌트를 보게 합니다. (269쪽 '마법의 셀프 발문'을 참고하세요)

이것만 잘 지켜도 학원에서 진행하는 문제해결력 전문 수업과 비슷한 효과를 냅니다.

"어려운 문제를 안 가르쳐 주는데 혼자 풀 수 있을까?"라는 생각이 들 수도 있습니다. 제가 20년 동안 문제해결력 전문 수업을 하면서 이미 톡톡히 효과를 봤으니 믿고 진행해 보시기 바랍니다.

④ 축하 시스템: 성취감은 그때그때 채워야 한다

공부를 열심히 하게 만드는 가장 좋은 동기는 성취감 또는 재미인데, 이때 인정 욕구가 충족되는 것이 중요합니다. 인정과 관심과 축하를 원하는 건 인간의 본성입니다. 자신이 성취한 것이 인정받고 관심받고 축하받으면, 성취감이 훨씬 더 증폭됩니다. 인간의 뇌는 좋은 감정을 느낄 때 가까운 시간에 벌어진 사건을 감정과 연관시키기 때문입니다. 그 연관이 강해지면 나중에는 그 사건이 벌어질 것이 예상만 되어도 기분이 좋아집니다. 공부에 성취감을 느끼게 하면, 나중에는 말려도 공부하게 됩니다. 즉 축하 시스템은 수학 정서를 강화해 아이에게 '공부의 맛'을 알려 주는 시스템입니다.

축하 시스템이란 '이럴 때는 반드시 이러한 방식으로 축하한다'라고 기준을 정해 실행하는 축하 의식입니다.

기준은 하나가 아니라 다양하게 정해 보세요. 예를 들어 어려운 문제를 풀었다, 사고력 문제집 한 단원을 다 풀거나 맞혔다, 틀린 문제를 자신의 힘으로 다 고쳤다 등이 있습니다. 혹은 단원평가를 숙제로 하지 말고 시험으로 바꾸어서 풀게 하고, 기준점수를 넘으면 축하 의식을 해도 됩니다.

축하 의식 역시 다양합니다. 하이파이브도 좋고, 궁디팡팡도 좋고, 같이 춤추는 것도 좋고, 패트와 매트처럼 합을 맞춰도 좋고, 엉덩이를 부딪쳐도 좋습니다. 뭐라도 좋습니다. 겉보기에는 아이가 조금 겸연쩍어하는 것 같아도 사실은 매우 좋아합니다.

이렇게 아이가 미션에 성공하고 성취감을 느꼈을 때 부모가 축하 의식을 치러 주면 성취감이 10배 아니 20배로 커집니다.

그 성취감 때문에 과제집착력이 생기고, 더 수학을 좋아하게 됩니다. 이게 바로 사고력 수학에서 얻고 싶어 하는 목표 그 자체입니다.

그런데 왜 굳이 축하를 '시스템'으로 정해서 해야 할까요? 그냥 알아서 칭찬해 주면 되지 않냐고 물을 독자 여러분의 모습이 눈앞에 아른거립니다.

우리 뇌는 잘되고 있는 것은 잊어버리고 잘되지 않는 것에 주목하게 세팅이 되어 있습니다. 왜냐하면 잘되는 것에 신경을 쓰는 것은 에너지 낭비라고 판단하기 때문입니다. 안 되는 문제를 해결하는 데 에너지를 집중해야 하니까요. 예를 들어 나무 위에서 무슨 소리가 나는데 무시하고 햇볕을 즐기면 표범이 덮칠 수 있습니다. 이것은 우리 유전자에 새겨진 위험 회피 본능입니다.

문제는 생존에 유리하게 작용했던 우리의 위험 회피 본능이 아이 교육에는 독이 된다는 것입니다. 우리의 본능 때문에 아이가 틀린 30점을 개선해 주려고 부정적인 피드백을 주기 쉽습니다. 맞은 70점은 버려 두고요. 아이가 잘한 것은 반딧불처럼 보이고 지적할 거리는 횃불처럼 보이는 부모 밑에서, 아이는 어려운 문제 앞에서 점점 주눅이 듭니다. 그래서 문제가 조금만 어려워도 아이 안에서 걱정과 불안감이 일고, 이것이 아이의 수학적 사고력을 마비시켜 버립니다.

그러니 축하를 시스템으로 만들어 놓지 않으면, 처음에는 부모가 아이가 잘한 것을 한두 번 정도 칭찬하고 좀 지나면 바로 무신경해집니다. 원래 하던 대로 지적질을 일삼게 됩니다. 그러니 우리 부모가 까먹지 않기 위해서, 우리의 본성을 거스르기 위해 시스템화해야 합니다.

제가 추천하는 것은 칭찬 기록장 만들기입니다. 작은 공책에 잘한 일을 적고 꽃을 그려 주거나 스티커를 붙여 줍니다. 이 칭찬 기록장에는 "3쪽을 풀었다.", "10문제 오답을 스스로 고쳤다."처럼 사실을 간단하게 몇 글자로 적습니다. 나중에 펼쳐 보며 "이렇게 축하를 받을 일이 많았구나!" 복기하면 기분이 좋아집니다.

⑤ 즉각적이고 긍정적인 피드백: 햇볕 이론

사고력은 갑자기 생기는 것이 아닙니다. 쉬운 문제부터 혼자 힘으로 풀어낼 때, 답을 보지 않고 조금이라도 생각하려 할 때, 어처구니없는 것이라도 뭔가를 생각해 낼 때, 무언가 다른 방법을 찾으려 할 때, 비록 답이 틀려도 그 과정을 인정해 주어야 합니다. 이때 부족한 점이 눈에 띄더라도 허벅지를 꼬집으며 지적을 참아야 합니다. 오직 성공을 축하하고, 노력을 칭찬하며, 어떻게 성공했는지 묻고 경청해야 합니다. 아이에게 피드백할 때 90%는 아이의 노력과 생각을 긍정하고, 지적이나 훈계는 10%를 넘지 않아야 합니다. 이렇게 해야 아이는 긍정적인 피드백과 부정적인 피드백이 반반이라고 느낍니다. 이 외에도 제대로 칭찬하는 방법을 알려 드립니다.

첫째, 바로 칭찬해야 합니다. 인간의 뇌는 칭찬을 받을 때 그것과 시간적으로 가까운 행위에서 원인을 찾습니다. 기말고사에서 100점을 받을 때 크게 칭찬하면 뇌는 칭찬의 원인을 100점을 받았다는 것으로 파악하지, 평소에 공부한 것으로 파악하지 않습니다. 그래서 나중에 하는 큰 보상은 공부를 열심히 하도록 유도하지 못합니다. 나중의 큰 칭찬보다 30분 공부할 때, 오답을 다 했을 때, 책을 읽었을 때 작더라도 바로 칭찬해야 공부하는 습관을 들일 수 있습니다.

둘째, 칭찬은 신중하게 해야 합니다. 부모가 원하는 행동을 유도하기 위한 수단으로 칭찬할 수 있습니다. 칭찬할 때, 아이가 남에게 칭찬을 듣기 위해서 노력하지 않도록 조심할 필요가 있습니다. 칭찬할 때 결과보다는 과정을 즐기도록, 남을 이기려고 경쟁하기보다는 자신을 향상시키려고 노력하도록, 실패를 두려워하기보다는 성공을 원하도록 이끌어야 합니다.

셋째, 칭찬은 아이가 관리할 수 있는 것, 개선의 여지가 있는 것을 칭찬해야 합니다. 이것을 '과정 피드백'이라고 합니다. 바로 살펴보겠습니다.

⑥ 과정 피드백: '잘했다' 대신 '열심히 했다'

캐롤 드웩이라는 심리학 교수는 뉴욕의 초등학교 5학년 아이들을 대상으로 실험했습니다. 처음에 두 집단 모두 쉬운 수학 시험을 치게 했습니다. 두 집단의 평균 성적은 모두 같았습니다. 그런데 두 집단 학생에게 선생님이 다른 말을 합니다. 한 집단에게는 "어려운 시험인데 잘했네. 똑똑하구나."라고 말했습니다. 이 집단을 재능칭찬 집단이라고 하겠습니다. 다른 집단에게는 "어려운 시험인데 잘했네. 열심히 했구나."라고 말했습니다. 이 집단을 노력칭찬 집단이라고 하겠습니다.

이 두 집단을 대상으로 여러 난이도의 시험을 여러 번 치르게 했더니, 결과적으로 재능칭찬 집단은 시험 성적이 20% 가량 떨어졌습니다. 노력칭찬 집단은 성적이 30% 정도 올랐습니다. 참고로 첫 시험과 마지막 시험은 텀이 짧았기 때문에 두 집단 학생들의 수학 지식이 늘 시간이 없었습니다. 수학적 능력이 개발될 시간도 없었습니다. 오직 칭찬 한 마디만 달랐을 뿐인데 잠깐 사이에 성적 차이가 확 벌어진 것입니다.

이 실험은 그 뒤로도 인종, 나이, 사회·경제적 계급, 민족, 성별을 달리하며 많이 반복되었습니다. 우리나라에서도 여러 번 같은 실험을 했습니다. 결과는 모두 같았습니다.

어떻습니까? 어떻게 칭찬해야 할지 감이 오십니까?

==칭찬해야 할 것은 과정과 노력입니다.== 예를 들어 풀지 못했던 문제를 드디어 풀었다고 칩시다.

"이야~ 이건 30분 동안 안 풀리더니 드디어 풀었네. 너 낑낑거리고 막 머리 쥐어뜯던데 어떻게 풀었어?"

이것은 네가 똑똑하다거나 맞혔기 때문에 대견하다는 뜻이 아닙니다. 인정을 했을 뿐이에요. 그러면 아이는 "이렇게 저렇게 해서 성공했어요."라고 자랑할 것입니다.

캐롤 드웩 교수는 사람이 결과로 평가받으면 '나는 변할 수 없다'라는 고정 마인드셋이 생기고, 노력으로 평가받으면 '나는 노력 여하에 따라 달라질 수 있다'라는 성장 마인드셋이 생긴다고 설명합니다. 성장 마인드셋을 기르려면 과정 칭찬이 중요합니다. ==결과가 아닌 과정을 칭찬받음으로써 내가 노력하면 변할 수 있다고 믿게 해야 합니다.== 성장 마인드셋이 생기면 어려움을 만나 실패하더라도, 비록 지금은 실패했지만 연구하면 성공할 수 있다는 믿음이 생겨서 시도를 지속할 수 있습니다.

==이렇게 아이가 느끼는 성취감을 증폭하여 성장 마인드셋을 길러 주는 것이 부모표 사고력 수학의 절반이라고 봐도 과언이 아닙니다.== 학원이라고 해서 별반 다르지 않습니다. 이렇게 과

정 칭찬을 하는 것이 사고력 수학 학원 선생님들이 하는 역할 중 가장 중요하거든요.

다음 표는 결과·재능 칭찬과 과정·노력 칭찬을 비교한 것입니다. 평소에 어느 쪽에 있는 말을 더 많이 사용하십니까? 앞으로는 오른쪽에 있는 말만 사용하면 좋겠습니다.

평가받는 느낌을 주는 말	노력하고 싶은 느낌을 주는 칭찬
참 잘했다.	최선을 다했구나.
똑똑하다.	날마다 좋아지고 있구나.
천재야.	그렇게 하고 싶어 하더니 드디어 해냈구나.
머리가 좋구나.	오늘 열심히 하더라.
너는 잘할 수 있을 거야	잊어버리지 않았구나.
네가 최고야.	많이 연습했구나.
뭐든지 쉽게 하는구나.	그걸 완전히 알게 되었구나.
대단한 일을 해냈구나.	무엇이든 즐겁게 하는구나.
넌 정말 재주가 많구나.	어려워도 노력하는 모습이 보기 좋아.
빨리 해냈구나.	새로운 걸 배우려는 모습이 멋져.
잘 그렸다.	여러 가지 색을 사용했구나.
착하다.	고마워.

이 외에도 좋은 피드백을 더 소개합니다. 적합한 말은 무궁무진합니다. 독자 여러분이 더 찾아서 목록을 풍성하게 만들어

주세요. 더불어 이 칭찬하는 말은, 교과 수학에도 동일하게 적용해 주시기 바랍니다.

- 노력하더니 해냈구나.
- 좋겠다.
- 열심히 하는 걸 보니 내 기분이 좋구나.
- 네가 자랑스럽다.
- 너도 스스로가 자랑스럽겠다.
- 그렇지, 그렇게 하는 거야.
- 네가 해낼 거라고 믿었어.
- 오우, 멋진데!
- 이제 어떻게 하는 건지를 알았구나.
- 좋아, 계속 그렇게 해.
- 그렇게 노력하더니 어려운데도 성공했구나.
- 시험 성적이 올랐구나. 축하해. 밑줄 그어 가면서 문제를 몇 번씩 읽었지. 그게 효과가 있었구나.
- 수학 문제를 여러 가지 방법으로 풀어 보더구나.
- 이 숙제는 양도 참 많고 복잡하네. 그런데도 네가 집중해서 끝마쳤다는 게 참 자랑스럽다.
- 이 그림에는 아름다운 색을 많이 썼네. 엄마에게 어떻게 그린 건지 설명해 주렴.

⑦ 따뜻한 문화: 실패가 아닌 실험으로 여기게 하라

사고력 수학에서는 칭찬 못지않게 실패했을 때 격려하고 응원하는 피드백, 경험을 올바르게 해석하는 피드백 역시 중요합니다.

핵심은 바로 문제나 실패를 다루는 방식에 있습니다. 문제 상황이나 실패를 문제 상황이나 실패로 여기지 않게 하세요. 문제 상황이 있으면 그것을 극복할 기술을 배울 때가 되었다는 뜻입니다. 수학 점수가 낮다는 건, 수학을 잘하는 방법을 배울 때가 되었다는 뜻일 뿐입니다.

과학자들은 실패라고 하지 않습니다. 실험이라고 합니다. 실험의 결과는 실험할 때 세웠던 가설을 인정하거나 부정하는 것일 뿐입니다. 두 가지 모두 실패가 아니라 실험 결과를 얻은 것입니다. 그 결과를 해석해서 더 발전된 가설을 세우면 됩니다.

문제나 실패를 하나의 과정으로 여기게 만드는 문화는 매우 중요합니다. 왜일까요? 아이는 문제를 풀면서 이것저것 실험하고 관찰합니다. 수를 대입해 보기도 하고, 그림을 그려 보기도 하다 보면 문제도 점점 더 이해되고 풀이의 실마리도 떠오릅니다. 그런데 실패를 부정적으로 보는 분위기에서는 실험하기 어렵습니다. 안 풀리면 금방 불안하고 답답해져서 쉽게 포기하고 가르쳐 달라고 합니다. 그러면 사고력 수학에서 배우는 것이 없습니다.

그러니 실패하거나 잘못한 일에서도 긍정적인 것을 찾아서 또 다른 성취감을 느끼도록 도와주십시오.

==실패 역시 결과나 재능이 아닌, 과정과 노력에 대해서 긍정적인 피드백을 해야 합니다.== "넌 똑똑한데 잠깐 이런 걸 못 본 거야.", "95점이면 잘했다.", "힘내. 너보다 못한 사람도 많다." 이런 말 대신, 틀릴까 봐 두려웠을 텐데 다양한 시도를 한 점, 끝까지 하려고 애쓴 점, 문제를 통해 배운 것이 생긴 점, 남을 도와주려고 한 점 등등을 칭찬하세요. 노력에 대해 긍정적인 피드백을 받은 아이는 몇 번 실패해도 좌절하지 않고 더 잘하려고 노력합니다. 노력을 가장 중요하게 여기니까요. 노력을 가장 중요하게 여기는 학생은 회복탄력성이 높고, (바로 다음에 자세히 살펴볼) 성장 마인드셋을 가지게 됩니다. 마음도 평안합니다. 장기적으로 결과도 대체로 좋습니다. 자기 플레이에 집중할 수 있으니까요.

이렇게 생각하려 노력하는 마음은 어느 날 갑자기 생기는 것이 아닙니다. 쉬운 문제부터 혼자 힘으로 풀어낼 때, 답을 보지 않고 조금이라도 생각하려 할 때, 어처구니없는 것이라도 뭔가를 생각해 낼 때, 무언가 다른 방법을 찾으려 할 때 생깁니다. 그러니 답이 틀려도 그 과정을 인정해 주어야 합니다.

⑧ 성장 마인드셋: 스스로 성장할 수 있다고 믿게 하라

나는 잘할 수 있고, 좋은 방법으로 열심히 노력하면 성공할 수 있다는 믿음을 성장 마인드셋Growth Mindset이라고 합니다. 성장 마인드셋은 공부를 시작하고 유지할 수 있게 만드는 중요한 한 축입니다.

성장 마인드셋은 앞서 언급했던, 아이들을 대상으로 칭찬을 달리하는 실험을 했던 캐롤 드웩이라는 교수가 만든 말입니다. 성장 마인드셋에 필요한 요소가 많습니다. 실패를 성장의 기회로 여기고, 칭찬을 통해 성취감을 충분히 느껴야 하고, 몰입의 경험을 통해 과제집착력을 길러야 합니다.

그리고 정말 중요한 것이, '작은 성공의 눈덩이를 굴리는 경험'입니다. 이게 무엇일까요?

우리나라의 국민 스포츠가 야구라면, 캐나다의 국민 스포츠는 하키입니다. 따라서 많은 아이들이 하키 선수가 되고 싶어 하는데, 하키 선수 중에는 유독 1월~3월에 태어난 사람이 많습니다. 그 이유가 무엇일까요?

캐나다는 6~7살 때 1월에 선수를 선발하는데, 유독 1월에 태어난 학생이 많이 뽑힙니다. 그 나이에는 몇 달 차이도 발달 정도가 꽤 다르니까 어쩌면 당연한 결과이지요. 이렇게 대표로 뽑힌 아이들은 좋아서 더 많이 하고, 내가 잘한다는 확신이 드니까 더 많이 하고, 이러면 더 잘하는 선순환이 계속 벌어집니다. 그 결과가 성인 때까지 이어지는 것입니다.

이것을 매튜 효과라 하는데, 저는 작은 성공의 눈덩이 효과라고 부릅니다.

==어릴 때의 자잘한 성공이 누적되면 아이는 스스로 성공할 수 있다는 성장 마인드셋이 저절로 생기고, 이것이 나중에는 큰 차이로 나타납니다. 눈덩이가 긴 비탈길을 굴러가면서 걷잡을 수 없이 커지는 것처럼 말이지요.== 그러니 작은 성공을 경험할 수 있게 만들어 주고, 성공할 때마다 그 성공의 의미를 성장 마인드셋의 관점에서 해석해 줘야 합니다.

깨알 자랑을 하자면, GTG 사고력 수학 학원에서는 쉬는 시간에 선생님은 "얘들아, 쉬어라."라고 하시는데 애들은 "싫어요. 더 할래요."라고 말하는 장면이 심심찮게 연출됩니다. 부모들도 아이가 전에는 문제가 조금만 어려워도 포기하더니 요새는 어려워도 끈기 있게 푼다고들 하십니다. 아이들이 성장 마인드셋을 갖추었기 때문에 가능한 일입니다.

가장 필요한 건, 부모의 믿음

부모나 교습자의 긍정적 혹은 부정적 기대가 아이의 성취에 얼마나 큰 영향을 끼치는지는 이미 수많은 연구와 사례를 통해 증명되었습니다. 그러나 이 사실을 알고 있는 부모도 종종 아이를 믿지 못하고 "내 아이는 수포자인 나를 닮았어." 혹은 "우리 아이는 수학 머리가 없나 봐." 등의 푸념을 늘어놓습니다. 사실 부모가 아이에게 지속적으로 높은 기대를 유지하는 것은 쉽지 않은 일이 맞기 때문이지요. 아이는 자꾸 실수하고 틀리게 되어 있으니까요.

그래서 더더욱 부모의 믿음이 중요합니다.

아이 안에는 거인이 있습니다. 지금은 못 해도 앞으로 잘할 것이라고 믿어 주고, 넘어질 때 격려하고, 실패하더라도 노력을 인정하세요. 아이는 부모가 믿는 대로 자랍니다.

혹시 내 아이가 영재?
영재의 유형별 특징과 교육 방향

많은 부모들이 내 아이가 영재가 아닐까 기대를 하곤 합니다. 지능검사에서 높은 점수를 받거나, 무슨무슨 영재 판별 검사에서 좋은 점수를 받았다거나, 학급 영재로 선발되면 가슴이 뜁니다. "이제 영재교육원에 보내야 하나?"라는 생각을 하며 행복한 미래를 그립니다.

그런데 영재교육의 목표는 입시 성공이나 국가 발전을 위한 인재 양성이 아닙니다. 영재교육진흥법에 따르면 영재교육의 목적은 영재 본인의 행복한 성장을 돕는 데 있습니다. 그리고 영재교육진흥법이 정의하는 영재는, 타고난 잠재력을 개발하기 위하여 '특별한 교육'이 필요한 사람입니다.

거꾸로 말하면, 대다수의 영재는 일반적인 교육 시스템 안에서 큰 고통을 겪는다는 뜻입니다. '똑똑하니까 알아서 잘하겠지'라는 통념과 많이 다르죠.

영재의 70%가 명문대 진학에 실패하는 이유

영재를 이해하는 핵심은 그들을 움직이는 동력원이 보통 사람과 질적으로 다르다는 것을 인식하는 것입니다.

보통 사람은 보상과 처벌, 경쟁, 비전 등 필요성이 주된 동력입니다. 하지만 영재는 호기심, 탐구, 몰입, 창조, 열정과 같은 재미가 움직이게 하는 동력입니다. 영재는 아무리 필요하다고 설득해도 재미가 없으면 움직이지 않습니다. 반대로 별로 이익이 없어도 재미가 있으면 엄청난 에너지를 쏟아붓습니다. 영재는 지적 재미가 충족되지 않으면 다른 어떤 것으로도 채워지지 않는 공허함을 느낍니다. 이는 전기차와 내연기관차가 근본적으로 다른 동력 시스템을 가진 것과 같습니다. 하지만 보통 사람인 부모와 교사는 영재가 자기와 다른 종류의 사람이라는 사실을 알지 못합니다. 그래서 이들에게 맞지 않는 교육을 강요하고, 이는 많은 영재들의 실패로 이어집니다.

IQ 130 이상만 가입하는 멘사 회원 중, 소위 명문대 출신 및 전문직 종사자는 20~30%에 불과합니다. 약 70~80%는 자신의 잠재력에 미치지 못하는 성취를 보입니다. 이는 영재들이 겪는 고통을 증명합니다.

또 다른 예를 들겠습니다. 저희 학원 수강생 중에서 초등 5학년 때 수학과 박사 과정 수준의 수학을 공부하는 학생이 있었습니다. 이 학생이 학교에서는 분수의 약분과 통분을 들으며 앉아 있어야 합니다. 학교에 앉아 있는 자체가 이 학생에게 얼마나 큰 정신적 고통일까요?

그러니 우리 아이가 영재의 기미가 보인다면, 그대로 두면 안 되고 바로 방법을 찾아야 합니다.

영재를 판별하는 핵심 특징

영재 판별에서 IQ보다 더 중요한 것은 행동 및 정서적 특성입니다. 보통 교육과 다른 특별한 교육이 필요한 가장 큰 이유는 영재의 우수함이라기보다 영재가 가진 특별한 행동 특성이기 때문입니다.

특징	키워드	설명
핵심 특징	몰입과 호기심	관심사에 빠지면 시간 가는 줄 모르고 깊이 파고든다. '얘는 재밌는 것만 하려고 한다', '고집이 세다'라는 말은 이 특성의 다른 표현일 수 있다.
행동적 특징	강력한 자율성과 주도성	시키는 대로 따르기보다 자신만의 독창적인 방법으로 문제를 해결하려 하며, 이는 고집이 세다거나 권위에 도전한다고 오해받기 쉽다.
지적 특징	뛰어난 학습 속도와 관찰력	이해하고 배우는 속도가 또래보다 3년 이상 빠를 수 있다. 이로 인해 학교 수업을 지루해하고, 99%의 친구들과 관심사나 수준이 맞지 않아 외로움을 느낀다.
정서적 특징	완벽주의와 예민함	완벽을 추구하며, 특정 감각(시각, 청각, 촉각 등)이 유난히 예민해 정서가 불안정해 보이거나 까탈스럽게 비칠 수 있다. 일찍부터 존재론적 고민을 하기도 한다.

우리 아이가 영재라면 어떤 유형일까?

한국교육개발원의 분류를 바탕으로, 각 유형의 특징과 위험성, 그리고 부모의 올바른 역할에 대해 알아봅니다. 영재유형을 판별할 수 있는 검사를 소개합니다. 위의 QR을 찍어 검사하면 됩니다.

우리 아이가 어떤 영재라고 나왔습니까? 그 특징을 하나하나 설명하겠습니다.

학업성취 우수 영재('범생이' 영재)

부모가 영재를 이해하지 못하고 부모가 영재를 이긴 경우입니다. 영재로 판별된 학생의 90%가 여기에 해당할 수 있습니다. 똑똑하고 착해서 부모나 교사의 기대를 빠르게 파악하고 그에 부응합니다. 성적이 좋고 행동이 반듯해 '엄친아·엄친딸'로 불립니다.

이 아이들은 좋은 결과가 있을 때만 어른들이 기뻐하거나, 노력에 대한 칭찬이 아닌 머리가 좋다는 칭찬을 받아서 강화반응 때문에 알아서 모범생이 된 경우입니다. 칭찬과 인정을 받기 위해 자신의 진짜 욕구(창의성, 도전정신)를 억누르고, 실패를 피하려 안정적인 학습과 암기에만 의존하게 됩니다. 이는 결국 창의력과 자기주도성을 상실하게 만들어, 더 높은 단계(대학, 대학원)로 갈수록 성취도가 떨어지고, 무엇보다 자신의 삶이 행복하지 않은 회색빛 인생을 살게 될 위험이 큽니다.

그러니 결과보다 과정을 칭찬하고, 새로운 시도와 실패를 하도록 적극적으로 격려해야 합니다. 실패는 나쁜 것이 아니라, 실험임을 알려 주어 '강철 멘탈'을 키워 줘야 합니다.

창의·도전형 영재(반항아 영재)

부모가 영재를 이해하지 못한 것은 학업성취 우수 영재와 동일하지만, 영재가 부모를 이긴 경우입니다. 고집이 세고 권위에 도전하여 문제아로 보이기 쉽습니다. 자신을 이해해 주지 못하는 어른들과의 잦은 갈등으로 내면에 분노와 억울함이 쌓여 있습니다. 학교 공부 대신 자신이 인정받을 수 있는 다른 분야(게임, 특정 취미 등)에 몰두합니다.

'미성취 영재'가 될 가능성이 가장 높은 유형입니다. 부모는 아이와의 갈등으로 지치고, 아이는 자신의 잠재력을 발휘할 학습 도구를 거부하여 안타까운 상황에 놓입니다. 자기가 원하는 대로 살지 못하고 권위자(부모나 교사, 사회)가 지시하는 반대 방향으로 살아갈 위험이 큽니다. 즉, 부모 뜻대로 살지 않더라도 자기 희망대로 살지 못한다는 점에서는 학업성취 우수 영재와 동일합니다. 학업성취도는 자기 잠재력보다 훨씬 못한 경우가 많습니다.

아이의 행동을 문제로만 보지 말고, 관점을 전환하여 '혹시 우리 아이가 영재는 아닐까?'라고 생각하고 그 특성을 이해하려는 부모의 노력이 절실합니다.

미성취(문제행동) 영재

어릴 땐 뛰어났지만 부모의 무관심이나 바쁜 환경 속에 방치되어, 현재는 기대에 크게 못 미치는 성취를 보입니다. 사회성 부족, 우울 증세, 반항적 행동 등 부적응 문제를 동반하며, 내면에는 세상에 대한 깊은 분노가 자리 잡고 있습니다.

잦은 지각과 결석을 하며 스스로를 중도 탈락자로 여깁니다. 영재로 인식되기보다 문제아로 낙인찍혀 재능이 완전히 묻힐 수 있습니다.

전문적인 개입이 시급합니다. 일반적인 교육 프로그램이 아닌 가족 상담 및 개인 상담이 필요하며, 숨겨진 재능과 잠재력을 확인하기 위한 다양한 진단 검사가 요구됩니다.

사교육으로 만들어진 영재(가짜 영재)

영재성까지는 없지만 똑똑하고 성실한 학생이, 입시를 위해 영재 교육 트랙에 억지로 맞춰진 경우입니다. 간접동기(성공, 인정)로 움직이며, 어려운 심화 문제를 탐구가 아닌 암기 방식으로 해결합니다.

고정 마인드셋인 경우가 많아서 진짜 영재들이 즐겁게 탐구하는 환경에서 극심한 스트레스와 부대낌을 느낍니다. 영재고나 연구중심 대학에 합격하더라도 행복하지 않으며, 결국 부정적 자아 개념이 생기거나 학습에 대한 흥미 자체를 잃게 됩니다. 이는 아이의 인생과 입시 모두에게 손해입니다.

《A급 수학》,《최상위 수학》같은 심화 문제집을 아이가 스스로 70% 이상 풀지 못하는데도 주입식·암기식으로 강요하지 마십시오. 아이의 결에 맞는 길(예: 내신, 수능)을 찾아 주는 것이 현명합니다.

자기주도적 영재(이상적인 영재)

자신의 특성을 잘 알고, 긍정적인 자아 개념을 바탕으로 잠재력을 행복하게 발휘합니다. 이 유형은 부모가 영재를 잘 이해하고 자녀의 고유한 결을 살려서 양육한 경우입니다. 영재는 행복하게 자기 성향대로 성장할 수 있고, 부모는 그런 영재와 함께합니다. 진로를 정하거나 삶의 방식을 정할 때도 자기가 진정 원하는 대로 살 수 있습니다. 모든 영재교육의 최종 목표입니다. 다른 유형의 영재들도 부모의 올바른 이해와 지지를 통해 이 유형으로 성장할 수 있습니다.

영재성을 꽃피우는 교육법

비교와 경쟁, 결과 위주의 피드백은 영재의 내적 동기 엔진을 망가뜨리는 최악의 독약입니다. 또한, 이미 아는 것을 숙달시키기 위한 단순 반복 학습은 영재에게 고문과 같습니다. 지루한 교육을 힘으로 강요하면 순응하는 학생은 범생이 영재가 되고, 저항하면 반항아 영재가 됩니다. 이런 실수를 범하지 마십시오. 그리고 다음의 9가지 핵심 원칙을 마음에 담아 두기 바랍니다.

지속적인 지적 자극 제공

선행학습을 두려워하지 마세요. 아이가 재밌어하고 소화할 수 있다면 독서나 체험 등을 통해 자연스러운 선행이 이뤄지도록 도와야 합니다.

영재의 성장을 이해하고 책을 스승으로 삼기

영재는 계단식이 아니라 날듯이 비약적으로 성장합니다. 위대한 스승인 '책'을 통해 스스로 탐구하도록 이끌어 주세요.

몰입의 시간과 여유 보장

영재가 가장 행복하고 잠재력을 폭발시키는 순간은 몰입하는 시간입니다. 100점을 위한 반복 학습 대신, 아이가 빈둥거릴 시간과 마음의 여유를 주어야 합니다.

자율성 존중(주입식 교육 금지)

"이거 좋으니까 해 봐."라는 방식은 강한 거부감을 부릅니다. 아이가 스스로 선택하고 탐구할 때 가장 즐겁고 가장 강력한 에너지가 나옵니다.

호기심에 불을 붙이기

부모의 역할은 감시가 아니라, 아이의 호기심에 불을 붙여 주는 것입니다.

자신감과 강철 멘탈 키우기

결과 중심의 칭찬은 아이를 '유리 멘탈'로 만듭니다. 결과가 아닌 노력하고 성장하는 과정 자체를 칭찬하여 실패를 두려워하지 않도록 도와야 합니다.

학습을 놀이처럼 만들기

사고력 수학, 과학 실험, 게임, 만들기 등을 제공하여 학습이 즐거운 놀이가 되게 하세요.

도전을 장려하기

본질을 이해했다면 반복 학습을 줄이고 더 어렵고 새로운 문제에 도전하도록 격려해 주세요.

말이 통하는 친구 만들어 주기

영재에게 가장 큰 행복 중 하나는 수준과 관심사가 맞는 친구를 만나는 것입니다. 외로움을 느끼지 않도록 교류 환경을 만들어 주는 것이 중요합니다.

결국 중요한 것은 아이의 결을 존중하는 것입니다. 해바라기는 해바라기의 아름다움이 있고, 장미는 장미의 아름다움이 있습니다. 아이에게 맞는 교육을 통해 스스로 행복하게 꽃피울 수 있도록 도와야 합니다.

영재교육원에 들어가려면 어떻게 해요?

학교에서 채워 주지 못하는 지적 호기심을 충족시켜 주는 영재교육원 입학을 꼭 고려해 보기 바랍니다. 특히 말이 통하는 친구들을 만나 정서적 안정감과 소속감을 느낄 수 있는데, 영재교육원 합격생들이 꼽은 최고의 장점입니다. 또한 영재교육원에서 만난 부모님들과 교류하면서 고급 교육 정보를 나누고 힘을 합쳐서 뭔가를 할 수 있는 네트워크가 생깁니다.

합격 자체보다 준비 과정을 통해 영재의 특성(호기심, 탐구, 몰입)을 기르는 것이 더 중요합니다. 평소에 관심 분야에 대한 독서, 블로그 기록, 산출물 제작, 발표, 프로젝트 활동을 꾸준히 하세요. 특히, 모든 활동은 사진과 기록으로 남겨 포트폴리오(독서록, 실험 보고서, 수학 발견 노트 등)를 만드세요. 학교와 학원에서 적극적으로 발표하는 습관을 기르는 것이 좋습니다. 학년 초에 담임 선생님께 미리 영재교육원에 관심이 있다고 말씀하십시오. 그래야 선생님이 학생을 유심히 관찰할 수 있고, 영

영재교육원의 종류와 특징

영재교육종합
데이터베이스

종류	주체	특징
영재학급	각급 학교	· 지역공동 영재학급 또는 단위학교 영재학급 · 선발은 서류+지필(창의적 문제해결력 검사) +면접 · 주 1회 이론, 프로젝트 수업, 산출물 대회 · 영재교육원 중 가장 쉽고 대중적
교육청 영재교육원	각 지역 교육청	· 11~1월 중 선발(선발은 영재학급과 동일) · 분야는 수학, 과학, 예체능 등 · 주 1회 이론, 프로젝트 수업, 산출물 대회 · 영재학급보다는 어려움
대학 부설 영재교육원	대학교	· 10월 중 선발(선발은 서류+심층면접) · 영재학급이나 영재교육원 출신만 선발 　(단, 브릿지 전형 또는 장기관찰전형은 예외) · 초5~중2까지 연결 수업(기초, 심화 등) · 대학교수가 지도 · 주 1회 이론, 실험, 프로젝트, 산출물 대회 · 가장 어려움
카이스트 사이버 영재교육원	카이스트	· 온라인 교육 · 신청자 전원이 수강 가능 · 수료해도 대학부설 영재교육원 지원 자격 없음 · 탐구, 실험, 프로젝트 경험을 하기에 좋음 · 브릿지 전형의 자기소개서에 쓸 소재

재교육원에서 선발할 때 추천서를 써 주실 수 있습니다. (보통 지원서 제출 한 달 전에는 미리 받아 두는 게 좋습니다) 추천서를 써 주신 선생님께 종종 팩트체크를 위한 연락이 가기도 합니다. 그러니 성실한 학교 생활은 기본입니다. 과학탐구대회나 과학독서토론대회, 발명대회 등 공교육에서 실시하는 각종 대회에 참가하는 것도 중요합니다.

영재학급이 아닌 교육청이나 대학 부설 영재교육원에 들어가고 싶다면 한 곳을 골라 작년 요강을 확인해 보고 미리 준비하는 것이 좋습니다. 요강이나 절차는 조금씩 달라도 영재성 검사 및 심층면접 출제 경향, 그리고 준비 요령이 대동소이하니 한번 살펴보겠습니다.

영재교육원, 이렇게 사람 뽑습니다

최근 몇 년간 수학은 실생활과 연관된 문제를 많이 다뤘으며 수학과 과학 융합형 문제가 많이 출제되었습니다. 정답과 결과도 중요하지만, 문제를 해결하고 풀이를 설명하거나 토론하는 과정에서 보여 주는 이해력, 논리력, 과제집착력, 독창적인 문제풀이 방법 제시, 재치 있는 결론 도출 등이 중요합니다.

문제해결력을 관찰할 수 있는 문제 외에도 해답이 여러 가지인 열린 문제도 출제됩니다. 유형별 문제만 풀지 말고 아이디어를 여러 가지로 제시하고 그 아이디어를 정당화하는 근거를

토론하는 연습을 하면 좋습니다.

수험생들에게 제시되는 과제는 처음 접해 보는 상황일 경우가 많은데 선행학습을 통해 교과 지식을 외웠던 것은 도움이 안 되는 정도가 아니라 오히려 창의적 사고에 방해가 됩니다. 선행학습을 통해 얻은 지식으로만 해결하는 경우는 감점됩니다. 따라서 평소에 깊이 사고하고 낯선 문제를 혼자 힘으로 해결하는 훈련을 해야 합니다.

얼마나 창의적으로 답안을 작성하느냐가 관건이기 때문에 한 가지 답을 가르쳐 주고 외우는 방식이 아니라 여러 가지 해결방법을 찾고 그중에서 좋은 방법을 찾는 훈련이 필요합니다.

수학, 과학 사고력이 높아도 언어 사고력이 낮으면 불리합니다. 수학과 과학에 더해서 언어 사고력이 골고루 높은 학생의 합격률이 높습니다.

한편 면접에서는 정답을 맞히기보다 과정이 훨씬 중요합니다. 단순히 문제에 대한 답이 맞았느냐 틀렸느냐를 평가하기보다 문제를 해결하는 과정을 평가하기 때문이죠. 면접에서는 수험생을 위해 힌트를 주기도 하기 때문에 모르는 문제가 나오거나 해결이 잘 되지 않는다고 해서 크게 당황할 필요가 없습니다.

면접이므로 논리적으로 엄밀하게 설명하는 것도 중요하지만 창의적으로 문제를 해결하고 그 과정을 잘 설명하는 것도

구술의 테크닉에 속합니다. 따라서 문제 해결 과정이 완벽하지 않더라도 설명하면서 보완하면 됩니다.

수학 문제 풀이 과정에서 과학적 개념과 원리를 물어보거나, 과학 문제 풀이 과정에서 수학적 개념과 원리를 물어볼 수 있으므로 영역을 통합하여 문제를 해결하는 훈련을 지속적으로 해두어야 합니다.

태도 역시 기본입니다. 답변 시 시선은 상대방에게 고정해 자신감을 표현하고, 흔들거리거나 다리를 떠는 등 불필요한 동작은 삼가고 단정한 자세로 임해야 합니다. 면접관으로 온 교수들은 어른이기 때문에 자세나 공손한 태도가 중요합니다. 들어가는 모습부터 나가는 모습까지 여러 번 시뮬레이션 해 보는 것도 필요하고요.

면접 막판 체크 십계명을 소개합니다.

1. 제출한 서류 내용을 꼼꼼히 확인하라

면접에서 중요하게 다루는 것 중 하나가 제출한 서류의 진위 여부를 확인하는 것입니다. 서류심사에서 통과했다 할지라도 면접 과정에서 사실로 확인되지 않는다면 불이익을 받을 수도 있습니다. 따라서 제출된 서류에 기재된 자료를 다시금 꼼꼼히 살펴보고 기억이 잘 나지 않는 부분은 면접 당일 아침에 가볍게 볼 수 있도록 메모하는 것이 좋습니다.

특히, 지원동기는 가장 중요한 질문으로 꼽힙니다. 교수들은 지원자들이 '왜 영재교육원에 지원하는지? 왜 다른 곳이 아닌 우리 학교에 지원하는지? 왜 이 분야에 지원하는지?'에 대해 궁금해합니다. 이때 막연하게 말하기보다는 구체적으로 말해야 합니다.

2. 역량과 비전을 보여 주는 구체적인 사례를 준비하라

면접에서는 자신의 학업적 역량을 확실히 드러낼 수 있는 구체적인 경험, 전공 분야에 대한 분명한 자기 비전 등을 제시할 수 있어야 합니다. 학교생활이나 성장과정을 통해 배우고 노력해 온 것들이 이 영재교육원에 지원한 이유, 미래의 비전 등과 연결되어 하나의 포트폴리오가 되어야 합니다.

3. 최근 사회적 이슈에 대한 자신의 입장을 정리하라

최근 사회적으로 이슈가 되었던 문제들을 다양한 시각에서 살펴보고, 다양한 견해들을 분석하여 자신의 입장을 정리하도록 지도하십시오. 이와 함께, 사회적 이슈와 관련 있는 교과 지식이나 구체적인 사례 등을 자신의 견해를 뒷받침하는 논거로 활용하면 면접에서 좋은 평가를 받을 수 있을 것입니다.

4. 자신감 있는 목소리를 낼 수 있도록 연습하라

자신감 없는 목소리와 어눌한 말투는 면접관에게 좋지 않은 인상을 줄 수 있으며 신뢰감을 떨어뜨릴 수도 있으니, 적당한 목소리 톤과 정확한 발음으로 또박또박 말하는 연습을 해야 합니다.

5. 타인 앞에서 연습해 보고 평가받아라

혼자 거울 보고 연습할 때는 말도 잘하고, 표정 및 시선처리도 자연스러웠지만 타인 앞에 서면 긴장하는 경우가 있습니다. 스스로 어느 정도 준비가 되면 친구나 부모님, 형제들 앞에서 반드시 '리허설'을 해 보게 하세요. 면접은 지식도 중요하지만 그 지식을 전달하는 의사 표현이 논리적일 때 면접관을 설득할 수 있으니까요. 주눅들지 않는 시선 처리, 어색하지 않은 표정 등이 자신감을 드러냅니다. 타인의 시각을 통해 자신의 부족함을 지적받고 보완할 수 있는 기회를 반드시 가지십시오.

6. 면접에 대한 기본 예절을 익혀라

면접관은 수험생의 사소한 행동 하나하나를 놓치지 않습니다. 시험 전날 복장을 점검하고, 면접 동선을 고려한 시뮬레이션까지 해 봄으로써 면접관의 눈에 거슬릴 만한 행동은 없는지 체크하는 것이 좋습니다.

7. 학교 공지사항을 숙지하고 지참물을 챙겼는지 점검하라

의외로 놓치기 쉬운 포인트입니다. 학교 홈페이지에 공지한 면접 장소 및 시간, 교통편을 꼭 확인해 두십시오. 집과 학교 사이의 거리가 먼 경우는 더욱 긴장해야 하며, 그날의 교통 상황과 관계없이 면접 시간에 늦는 일은 없도록 해야 합니다. 수험표, 신분증, 검은색 볼펜, 연필, 지우개, 학교에서 요구하는 서류 등은 반드시 면접 전날 챙겨 둡니다.

8. 잘할 수 있다는 자신감을 가져라

모든 외적 준비가 완벽해도 자신의 마음을 컨트롤할 수 없다면 그동안 애써 준비한 것들이 물거품이 될 수 있습니다. '나는 할 수 있다'라는 긍정적인 생각이 필요합니다. 자신감이 생기면 차분한 마음으로 면접 상황에 대처할 수 있습니다. 거울을 보고 '나는 할 수 있다'를 여러 번 말하면 도움이 됩니다.

9. 두괄식으로 답하라

면접관의 질문 요지를 파악하고 결론부터 얘기하는 것이 좋습니다. "제 생각은 이렇습니다. 왜냐하면…."의 틀로 얘기하게 훈련하세요. 시간의 순서대로 나열하거나 에둘러 얘기하는 방식은 면접관으로부터 좋은 인상을 받기 어렵습니다.

10. 차분하게 솔직하게 대응하라

모르는 질문이 들어오면 차분하게 생각하는 시간을 갖고 대응하는 것이 중요합니다. 특히 미리 준비한 질문을 빠르게 대답하는 것은 도리어 미리 준비한 예상 질문이었다는 것을 상대방에게 알려 주는 것이 되니 주의합니다.

예상하지 못한 질문이라서 당황하더라도 억지로 꾸며서 대답하지 않습니다. 잠시 생각할 시간을 달라고 솔직하게 대응하는 것이 좋습니다. 질문의 취지를 잘 이해하지 못했으니 다시 말해 달라고 대응하는 것도 좋은 방법입니다. 잠시라도 어떻게 얘기할 것인지 생각할 여유를 갖기 위해서 필요합니다. "그 점에 대해서는 미처 생각하지 못했습니다. 하지만 이제 생각해 보겠습니다. (시간 흐름) 생각해 보니 ○○인 것 같습니다."라고 하면 좋습니다. 그래도 답이 떠오르지 않을 경우 모르겠다고 솔직하게 이야기합니다.

경시대회, 꼭 해야 할까요?

"원장님, 우리 아이 말이에요. 경시대회에 응시할까요?"라고 묻는 부모님을 종종 뵙습니다. 그때마다 제가 드리는 말씀은 똑같습니다.

"결과에 연연하지 않고 즐거운 도전으로 생각하신다면 응시하십시오. 아니면 말리고 싶습니다."

경시대회의 함정

경시대회는 몇 가지 긍정적인 효과가 있습니다. 전국 단위에서 우리 아이의 객관적인 위치를 확인할 수도 있고, 공부에 새로운 활력을 불어넣기도 합니다. 경험과 실력을 쌓을 기회가 되기도 합니다.

그런데 몇 가지 큰 부작용이 있습니다.

부작용의 핵심은 결과 위주의 피드백과 고정 마인드셋입니다. 경시대회를 준비하는 과정과 결과, 그리고 부모의 반응이 아이에게 돌이킬 수 없는 상처로 남을 수 있습니다.

경시대회를 준비할 때 학원에서는 탐구 학습을 하게 두지 않습니다. 대개 학생에게 경시대회 문제를 유형별로 나누어서 풀이법을 가르칩니다. 더 나쁜 것은 너무 어려운 문제를 주입식으로 가르치는 것입니다. 특히 상위권 경시대회는 변별력 때문에 재미없고 까다로운 개수 세기 문제가 너무 많습니다. 그러니 아이의 머릿속은 생각하는 즐거움 대신 정답을 찾아야 한다는 압박감으로 가득 찹니다.

이렇게 '노잼'으로 공부한 아이들이 경시대회를 치르고 낮은 성적을 받으면 경시대회의 결과가 마치 대입까지 이어질 것처럼 여기고 부모가 스트레스를 받습니다. 이 스트레스는 우리 아이와 엄친아·엄친딸을 비교하는 화살이 되어 그대로 아이의 가슴에 박힙니다.

그런데 높은 상을 타면 괜찮을까요? 어쩌면 그게 더 큰 문제의 시작일 수 있습니다.

상을 따면 부모가 기뻐하고 주위에서 대단하다고 합니다. 학생은 하늘을 나는 것같이 기분이 좋습니다. 나는 똑똑한 사람이라는 생각에 우쭐합니다. 그래서 다음에도 좋은 결과를 얻으려고 노력합니다.

하지만 한편으로는 불안합니다. 늘 좋은 결과를 얻는다는 보장이 없기 때문입니다. 그리고 한 번이라도 실망스러운 결과를 받으면 결과로 좋았던 만큼 추락의 충격이 더 큽니다. 부모를 실망시킬까 봐 두렵습니다. 그래서 도전을 두려워하고 안전한 길만 찾습니다. '틀릴까 봐' 무서워서 생각의 날개를 스스로 접어 버리곤 합니다.

결론적으로 상을 타면 탄 대로, 점수가 낮으면 낮은 대로 부모가 그 결과에 크게 반응하여 학생의 수학 정서가 망가지게 됩니다. 이것이 제가 경시대회를 웬만하면 치르지 말라고 하는 이유입니다.

두 학생의 이야기

저희 학원에서 초1부터 사고력 수학을 공부했던 2명의 학생이 있습니다. 김메달 학생은 성대경시에 해마다 봄, 가을에 응시해서 금, 은, 동을 매번 따는 학생이었습니다. 이평범 학생은 경시대회는 아예 응시하지 않던 학생입니다. 두 학생은 처음부터 같은 반에서 수업했습니다. 수업해 보면 두 학생 다 사고력이 강하지만 김메달 학생이 훨씬 더 머리가 빠르고 문제를 잘 풀었습니다. 그런데 어쩌다 김메달 학생이 낮은 상을 따는 해에는 부모님이 저에게 "우리 애 잘하고 있나요?" 하고 무척 걱정하면서 상담하시던 기억이 납니다.

이 두 학생이 5학년부터 KMO 공부를 시작했는데 처음에는 김메달 학생이 더 잘했습니다. 그런데 6학년이 되면서 이평범 학생이 김메달 학생을 추월하는 것입니다. 이때부터 김메달 학생은 공부하는 자세가 많이 흐트러졌습니다. 결국 중1 때 이평범 학생은 KMO 금상을 땄는데 김메달 학생은 동상을 땄습니다. 두 학생 모두 중2에 서울영재고와 경기영재고에 조기 합격할 정도로 뛰어난 학생입니다. 하지만 공부하는 기간 동안 두 학생의 태도는 매우 달랐습니다. 이평범 학생은 결과가 좋으나 나쁘나 큰 동요가 없이 묵묵히 자기 공부를 했습니다. 반면 김메달 학생과 그 부모님은 경시대회 결과에 예민하게 반응해서 늘 "올해 KMO에서는 높은 상을 딸 수 있을까?"와 같은 고민을 했습니다.

저는 김메달 학생이 경시대회에 그렇게 많이 신경을 쓰지 않았더라면 공부하는 내내 평안했을 것이고, 성취도도 더 높았으리라 생각합니다.

부모나 아이 모두 경시대회를 마치 명절처럼 밋밋한 일상에 변화를 주는 즐거운 도전으로 받아들인다면, 좋습니다. 경시대회를 준비하고 응시하십시오. 그럴 자신이 없다면, 그 시간에 기본 공부를 열심히 합시다.

==상대적으로 부작용이 적은 경시대회도 있습니다. HME 수학학력평가, MBC 수학학력평가, 한국수학학력평가(KMA) 같은 학력평가 경시대회입니다.== 이 시험은 변별력이 목적인 경시대회가 아니라 아이가 기본 교과 수학을 잘하고 있는지 객관적으로 확인하는 시험입니다. 그래서 상대평가에서 오는 부작용이 적습니다. 우리 아이 공부 상태를 진단하고 부족한 점을 보완할 수 있는 계기가 됩니다. 특히 집에서 공부를 제대로 하고 있는지 불안한 분들에게는 정보를 얻는 좋은 장치입니다.

다만 이런 경시대회라도 기본 학습이 충분히 이루어지지 않았는데 무리하게 참여하면 안 됩니다. 반드시 기본 공부를 충실하게 한 뒤에 도전하십시오.

경시대회에 접근하는 법

성대경시, KMC, MBC의 경우 경시대회 시행일 3~4개월 전 지정된 기간 동안에만 문제집을 구매할 수 있습니다. 따라서 경시대회 시행일을 미리 체크하지 않으면 문제집을 구할 수조차 없습니다. 경시대회 참여는 하지 않아도 문제집을 풀고 싶다면, 경시대회일을 알아 두어야 시기에 맞춰 문제집을 구매할 수 있다는 뜻이죠.

만약 경시대회에 참여하거나 경시대회 문제를 확인하고 싶다면 다음을 참고하십시오.

대회	학년	시행 시기
한국수학경시대회(KMC)	초3~고3	매년 6월경 예선 매년 7월경 본선
전국 수학학력 경시대회(성대경시)	초1~고3	매년 4월, 11월
HME 수학학력평가	초1~중3	매년 6월, 11월
연세대학 창의수학 경진대회	초1~중3	매년 11월
서울교대 초등 수학 창의사고력 대회	초3~초6	매년 4월
한국수학학력평가(KMA)	초1~중3	매년 6월
MBC 수학학력평가	초1~중3	매년 8월
한국수학올림피아드(KMO)	중등/고등	매년 5월
고려대 전국수학인증시험(KUT)	초1~중2	매년 6월

대회 일정은 표로 소개했지만, 변동이 있을 수 있으므로 반드시 해당 사이트에 들어가 직접 확인합니다.

한편 HME의 경우 사이트(hme.chunjae.co.kr)에서 그간의 기출문제를 무료로 다운받을 수 있으니 활용할 만합니다.

경시대회 문제집은 매우 어려우므로 익숙해지는 데 시간이 필요합니다. 시간이 지나 문제에 익숙해지면 실전처럼 풀면 됩니다. 즉 시험 시간 내에 1회분 문제를 풀게 지도하십시오.

기본기가 잘되어 있는 아이라면 기출문제를 풀면서도 '어라, 생각보다 내가 풀 수 있는 문제가 많잖아?' 하면서 아이가 수학에 대한 자신감을 가질 수 있습니다. 경시대회 난도는 다음과 같습니다.

난이도	경시대회	학년
밑으로 갈수록 어려워짐	HME 수학학력평가 MBC 수학학력평가	초1~중3
	한국수학학력평가(KMA)	초1~중3
	고려대 전국수학인증시험(KUT)	초1~중2
	한국수학경시대회(KMC)	초3~고3
	서울교대 초등 수학 창의사고력 대회	초3~초6
	전국 수학학력 경시대회(성대경시)	초1~고3
	한국주니어수학올림피아드(KJMO)	초1~중1
	한국 수학올림피아드(KMO)	중등/고등

시험 시간 내에 푼 기출문제가 정답률 80% 이내에서 오답 2~3문제 정도라면 다음 학년의 기출 문제집으로 넘어갑니다. 수학은 나선형 구조라 비슷한 문제가 반복되기 때문입니다.

경시기출 문제집 외에 《최상위》(디딤돌), 《해법 최고수준》, 《최상위 사고력》(디딤돌), 《1031 영재사고력 시리즈》 등이 경시 준비에 도움이 됩니다.

3장

교과 수학 통합 로드맵

결국 교과 수학을 잘해야 하는데, 어떻게 하죠?

교과 수학에서 기점이 되는 나이는 3학년입니다. 그전까지는 사실 교과 수학을 거의 신경 쓰지 않고 사고력 수학만 해도 무방합니다. 하지만 3학년부터는 교과 수학을 시작해야 합니다.

가끔 '사고력 수학 학원에 보냈으니 당연히 수학을 잘하겠지.'라고 생각하고 교과 수학을 소홀히 하는 경우를 봅니다. 이는 테니스를 할 때 기초체력 훈련만 하고 기술 훈련을 거의 안 한 것과 다름없습니다. 체력은 팔팔한 아이가 라켓을 쥐는 법, 공을 튀기는 등의 아주 기초적인 기술조차 모르는 셈이지요. 테니스를 잘하려면 공에 스핀을 넣는 법, 백핸드 스매시 같은 아주 어려운 기술까지 익혀야 합니다. 이를 위해서는 다양한 상황에서 좋은 코치님에게 기술을 배우고, 많이 훈련하고, 실전 연습도 많이 해야 합니다.

초등 시기에는 기초체력을 주로 기르라고 2장에서 쭉 말씀드렸지요. 그렇다고 교과 수학을 소홀히 하면 안 됩니다. 기초체력과 지식은 수학을 잘하기 위해 둘 다 중요하기 때문입니다.

기초체력 훈련과 기술 훈련을 균형 있게 가져가야

수학 성적을 지식과 능력으로 간단하게 도식화한 그래프를 보겠습니다. 212쪽을 보면서 읽어 주세요. 초등은 왼쪽 그래프의 파란 점에 있다고 생각하면 됩니다. 이 아이가 오른쪽 그래프와 같은 경로를 타게 해야 하지요.

다만 여기서 하단 그래프와 같이 2학년 때까지는 위쪽(능력)으로 주로 올라갔다가, 3학년 때부터 오른쪽(지식)으로 이동하는 경로를 타는 것도 하나의 전략입니다.

즉 2학년 때까지는 사고력 수학을 필수로 하고, 교과 수학은 아이의 영재성에 따라 현행과 선행 등을 선택하여 진행합니다.

그리고 3학년 때부터 본격적으로 교과 수학을 본격적으로

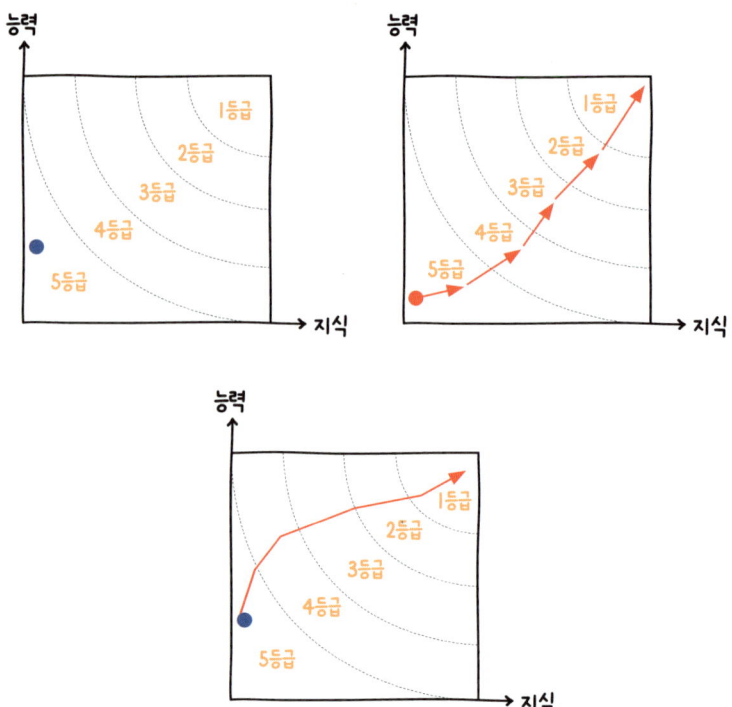

진행해야 합니다.

    물론 사고력 수학은 필수입니다. 그런데 양으로 따지면 사고력 수학에 투자하는 시간의 3배 정도는 교과 수학에 투자해야 합니다. 학년이 올라갈수록 교과 수학의 비중은 점점 커져서 6배까지 올라갑니다. 기초체력은 하루라도 어릴 때 닦아야 하지는 게 맞지만, 나이가 들수록 기술의 비중이 늘어납니다.

사고력 수학과 교과 수학, 뭐가 더 중요할까요?

상담을 마치고 나서 이런 불평을 하는 부모님들이 계십니다.

"원장님, 이 학원에서 우리 애 수학은 다 도맡아 주시는 것 아니었어요? 집에서 할 걸 너무 많이 주셔서요…."

저희 학원에서 사고력 수학 수업만 수강하는 아이들에게 '교과 수학을 이 정도는 해야 한다'라고 제시했을 때 이런 말씀을 하십니다. 교과 수학 공부량이 사고력 수학의 3배~6배나 되니 당연히 챙겨야 할 게 많을 수밖에 없습니다. 저희 학원에서 운영하는 교과 수학 수업을 듣거나, 커리큘럼과 교습 방식이 검증된 좋은 교과 수학 학원을 다닌다면 괜찮지만, 그렇지 않다면 교과 수학의 구멍이 염려스럽기 때문이지요.

거듭 이야기하지만 사고력 수학과 교과 수학은 각기 역할이 다르고 둘 다 중요합니다. 그렇기에 사고력 수학 학원 원장이 이렇게 자꾸 교과 수학에 참견하곤 합니다.

그렇다면 사고력 수학과 교과 수학은 구체적으로 어떻게 병행할까요? 언제부터 선행을 해야 할까요? 심화는요? 사고력 수학 학원 원장님은 교과 수학하는 특별한 비법이 있을까요? 이 질문에 모두 답하겠습니다. 지금까지 저희 학원을 다니는 아이들에게만 알려 줬던 것들을 이 책에 공유합니다.

교과 수학의 포인트 1

선행 왜 시키세요?

요즘 대치동에서는 선행을 정말 빠르게 나간다고 말씀드렸습니다. 6학년 때는 고등 과정을 시작하게 선행 스케줄을 잡습니다. 초, 중등은 심화한다고 너무 질질 끌지 말고 빨리 진도 나가서 고1 수학을 일찍 시작하는 것이지요.

이처럼 남들이 보기에 입이 떡 벌어지는 선행을 하는 이유가 무엇일까요?

첫째, 초등 때 습득하는 교과 문제해결전략이 장기적으로 별 소용이 없기 때문입니다. 초등은 지식학습이 상대적으로 쉽습니다. 그러니 거기에서 파생되는 심화 역시 그 정도 수준일 수밖에 없습니다. 즉 열심히 초등 교과 과정 내에서 심화를 해 봤자 능력이 일부 개발될 뿐이지 지식 학습, 문제를 푸는 기술, 혹은 문제해결력이 대단하게 개발되는 것은 아닙니다. 고1 수학은 문제해결전략의 복잡함과 어려움이 초등·중등 수학과 상대가 되지 않을 정도로 수준이 높습니다.

둘째, 누적 공부량을 중요하게 생각하기 때문입니다. 실제로 초등 5학년 이후에는 교육특구와 그렇지 않은 지역 간 누적 공부량이 매우 많이 차이 납니다. 고1 수학이 어려운 이유는 문제해결전략이 복잡해지고 난도가 높아지는 데도 있지만, 더 큰 문제는 익혀야 할 지식의 양이 말 그대로 기하급수적으로 늘어난다는 점에 있습니다. 그러니 고등 과정을 당겨서 미리미리 공부하려면 아주 어릴 때부터 초등 고학년 및 중등 선행을 나가야 하지요.

셋째, 현재 수능의 트렌드를 따르기 때문입니다. 수능에서 준킬러 문제만 풀어도 되도록 난도가 낮아지니 극심화를 하면서 꾸물거리는 것보다는 합리적인 수준에서 심화를 진행하며 빠르게 진도를 나가는 편이 유리해졌기 때문이지요.

어떤가요, 대치동식 선행? 이렇게 이유를 하나하나 살펴보니 납득이 갈 수밖에 없습니다.

하지만 "대치동 스케줄이 일리가 있으니, 무리가 조금 가더라도 따라가야 하지 않나요?"라는 단순한 질문에는 긍정적으로 대답하기 힘듭니다.

선행의 희망편과 절망편

제 학년 진도를 나가고도 힘이 남는 아이는 선행학습을 하는 게 당연히 좋습니다. 즉 아이가 제 학년 진도의 내용을 완벽하게 머리에 넣고 응용 문제까지 자유롭게 풀 수 있다면, 선행의 효과를 최대한으로 누릴 수 있습니다.

하지만 이건 희망편입니다. 저는 교육특구 아이들에게 선행학습이 독이 된 경우를 너무 많이 봤습니다.

저희 학원에는 제 학년 진도보다 몇 년씩 선행학습을 한 걸 보기에 '우수한' 아이들이 많이 들어옵니다. 그런데 정작 사고력 문제를 풀려 보면, 선행학습을 하지 않은 또래 학생보다 못 푸는 경우가 종종 있습니다.

왜 이럴까요? 선행학습을 하면서 자기 머리로 문제를 풀기보다는 배운 지식을 이용해서 푸는 안 좋은 버릇이 들었기 때문입니다.

예를 들어 보겠습니다. 초등 교과에 이런 문제들이 나옵니다.

> 거북이와 학이 합쳐서 13마리 있습니다. 다리 개수는 총 34개입니다. 거북이와 학은 각각 몇 마리입니까?

> 파란 막대는 빨간 막대보다 3cm 더 깁니다. 둘이 합쳐서 19cm입니다. 파란 막대와 빨간 막대의 길이는 각각 몇 cm 입니까?

얼핏 연립방정식 문제처럼 보이는 문제가 학년마다 반복하여 나옵니다.

이 문제들은 저학년 때는 수를 적당히 넣어 보고 결과를 확인한 뒤에 수를 줄이거나 늘여서 답을 찾아가는 방법(이를 '예상과 확인'이라고 합니다)을 이용해서 풀도록 출제됩니다.

학년이 올라가면서 '표 그려서 해결하기', '그림 그려서 해결하기', '식 세워서 해결하기' 등 여러 가지 방식으로 풀도록 교육과정이 설계되어 있습니다.

이 문제를 풀 때의 희망편은 이겁니다. 아이가 모든 방법을 사용해 이 문제를 풀 줄 아는 상태에서, 선행학습에서 배운 연립방정식을 이용해서 문제를 빠르게 풀어 내는 것입니다.

그러나 제 나이에 배워야 하는 방법을 모르는 상태에서 선행학습에서 배운 연립방정식을 이용해서 문제를 빠르게 풀어 내게 될 수도 있지요.

==빠르게만 선행학습하다 보면 기반 지식으로 전환할 충분한 여유를 주지 않고 진도를 나가기 쉽습니다. 이렇게 배운 부실한 지식은 낯선 문제를 풀 때 아무 힘이 되지 못합니다.== 그래서 지나치게 선행학습하는 학생은 문제유형까지 암기하게 됩니다.

지나친 선행학습과 유형암기는 대체로 짝을 이룹니다. 이렇게 선행을 나가면 대체 무슨 소용이 있을까요? 오히려 연립방정식은 몰라도 자기 머리를 써서 푸는 학생의 문제해결력이 훨씬 좋습니다.

선행의 목표는 속도가 아니라 깊이다

초등 5학년 학생들이 이야기합니다.

"너 수학 어디 해?"

"나? 중1 해."

"나는 중2 하는데."

'나는 5학년 2학기 하는데….'

진도가 느린 학생은 기가 죽어서 가만히 듣고만 있습니다.

어린 학생들 중에 선행 진도로 수학 계급을 나누는 경우가 종종 있습니다. 학원에서도 진도를 기준으로 반을 편성합니다.

진도가 빠른 반이 레벨이 높은 반이고, 진도가 늦은 반은 레벨이 낮은 반입니다. 레벨이 높은 반이 공부하는 양도 많고 더 어려운 문제를 풉니다. 레벨이 낮은 반은 공부량도 적고 심화문제를 덜 풉니다. 그래서 한 번 레벨이 낮은 반에 편성되면 레벨을 올리기가 매우 어렵습니다. 학원 레벨을 올리려면 과외나 방학을 이용해서 진도를 뽑는 수밖에 없습니다.

진도에 따라서 학습환경이 크게 달라지고, 그 환경이 쉽게 안 바뀌니까 어린 학생들이 진도를 일종의 계급처럼 여기는 것입니다. 그래서 많은 경우에 초등, 중등 때 수학 학습이 진도 중심으로 진행됩니다. 하지만 고등학교에 올라가서 전국 단위로 상대평가를 하게 되면 진도만 나갔던 학생들이 자신의 진짜 실력을 깨닫게 됩니다.

선행 진도가 빨랐어도 고3이 되면 진도는 결국 같아집니다. 어릴 때 진도로 수학 계급을 나누었는데 고등 상위권에서는 부질없습니다.

현행이 잘되는지부터 점검하라

공부는 아이의 학습 단계에 맞추어서 해야 합니다. 개념과 원리를 깊이 이해하고, 중요한 문제는 자기 머리로 풀고, 배운 것을 갈무리한 뒤에 다음 단계로 진도를 나가야 합니다.

만약 아이가 현행도 안 된다? 당연히 후행하여 그전 단계를 전부 흡수해야 합니다. 앞으로 자세히 살펴보겠지만, 선행은 무조건 해야 합니다. 그렇지 않으면 입시 전쟁에서 패배할 수밖에 없으니까요. 하지만 남들의 속도에 맞춰 선행하지 마세요. 무리하게 선행하면 머리는 나빠지고, 자신감은 꺾이며, 수학이 싫어집니다. 그렇다고 지식이라도 남느냐? 오히려 "나 저거 알아." 하면서 수업을 제대로 안 듣는 나쁜 버릇만 남습니다.

힘에 맞게 가면 됩니다. 완전학습하면서, 문제해결력 길러 가면서, 열심히 하려는 마음을 키우면서 가도 안 늦습니다. 조급해하지 마세요. 재수하는 1년 동안에 수능 5등급 문과생이 미적분을 선택해서 수능 1등급을 받을 수도 있습니다. 좀 늦어도 할 수 있습니다.

기억하세요. 중요한 것은 할 수 있다는 마음, 하려는 마음을 살리는 것입니다.

교과 수학의 포인트 2

초등 심화는 필수가 아닙니다

고3 때가 되면 상위권 수학은 문제해결력에서 결판납니다. 상위 10% 이하가 목표라면 이해와 완전학습만으로도 충분합니다. 하지만 2등급 이상 상위권이 되려면 이해와 완전학습만으로는 부족합니다. 준킬러 혹은 킬러 문제를 못 풀고, 어려운 내용을 학습하지 못합니다.

낯설고 어려운 문제를 푸는 능력을 문제해결력이라고 합니다. 수학이 다른 과목보다 문제해결력이 더 필요한 이유는, 수학이 다른 과목과 다른 특성이 있기 때문입니다.

수학은 개념이 적은 대신 개념을 이해하기 어려운 특징이 있습니다. 그래서 개념을 제대로 이해하려면 "왜?"를 많이 해야 합니다. 개념에서 문제까지 거리가 너무 멀어서 개념과 문제를 같이 공부해야 합니다. 그래서 기본 예제와 정형화된 응용문제까지 개념이라고 합니다.

개념의 깊이가 깊기 때문에 문제를 해결하려면 응용을 많이 해야 합니다. 그래서 문제해결력이 꼭 필요하고, 이것을 키워주는 것이 심화 수학이지요.

아, 그러면 심화는 역시 꼭 해야 할까요?

무리하게 심화 안 해도 됩니다, 정말로요

2장에서 문제풀이 사고력을 설명할 때, 사고력 수학 업계에서 유명한 선생님이 사고력 수학과 심화 수학에 대해 어떻게 말했는지 이야기를 드린 바가 있습니다.

결국 이 선생님이 하고자 하는 말은, 아이가 2학년 때까지 사고력을 하지 않았으면 그 이후에도 사고력을 시키지 말고 심화를 시키라는 것이었습니다.

저는 이 영상을 보면서 이건 아닌데 싶었습니다. 사고력 수학에 대한 오개념은 서로의 생각이 다른 데서 오는 것이라고

쳐도, 심화를 권할 것인가 하는 부분에 있어서는 할 말이 정말 많습니다.

제가 1장에서 심화 수학의 역설에 대해 길게 설명했습니다. 심화 문제를 오랫동안 생각하게 만들려면 능력이 필요한데 능력을 기르려고 심화 문제집을 풀게 하는 순환논법에 빠져 있는 것이 현재 심화의 현실이라고 말씀드렸지요.

또한 대부분의 학원은 심화 수준을 올릴 방법이 없기 때문에, 어느 반의 심화 수준을 한 번 정하면 그 수준이 쭉 갑니다. 발전이 없다는 뜻이지요.

그리고 결정적인 문제. 심화를 붙들고 늘어지다가 부상을 당해 수학 자체가 싫어지는 큰 부작용까지 생깁니다. 이렇게 보면 심화 수학이 무슨 수학 나라의 빌런처럼 느껴집니다.

==제가 하고 싶은 말의 핵심은, 심화를 아예 하지 말라는 뜻이 아니라 힘에 맞게 해야 한다는 것입니다.==

보통은 힘에 부치게 심화를 하는 경우가 많습니다. 아이가 부상을 당할 위험이 크다는 뜻입니다. 그런데도 부상 위험을 각오하고 부모들이 심화를 시키는 이유가 무엇일까요? 다음과 같은 소문 때문입니다.

"3학년 때부터 심화를 시작하지 않으면 고등에서 1, 2등급은 어렵다던데요?"

완전히 틀린 소문입니다.

우선 고등 전에 심화를 시작해야 하는 건 사실입니다. 학년이 올라갈수록 유형 암기로는 풀 수 없는 새로운 문제가 점점 많아지기 때문이지요.

하지만 심화를 적어도 초등 3학년 때는 시작해야 한다는 건 틀린 말입니다. 여기에는 여러 가지 이유가 있습니다.

첫째, 계속 말했다시피 초등 시기는 아이가 부상당하지 않도록 보호하는 것이 최우선입니다. 정서와 태도가 최우선, 능력이 그 다음, 지식은 가장 나중입니다.

둘째, 이게 결정적인 이유입니다. 고등 수학은 초등 수학과 차원이 달라서 초등의 심화 수학으로 기른 문제해결 기술이 고등 학습에 크게 도움이 되지 않습니다. 앞에서 이미 설명했지만 다시 설명합니다. 쉬운 초등 지식에서 파생되는 심화로 문제해결력이 대단하게 개발되지 않습니다. 열심히 초등 교과 과정 내에서 심화를 해 봤자 능력이 일부 개발될 뿐이지 지식 학습, 문제를 푸는 기술, 혹은 문제해결력이 대단하게 개발되지 않습니다.

예를 들어 보겠습니다. 3학년 2학기 모 문제집에 나오는 심화 문제입니다.

> 다음 조건을 만족시키는 네 자리 수 ㉠㉡㉢㉣을 모두 구하시오.
>
> 조건
> · 두 자리 수 ㉠㉡의 4배는 두 자리 수 ㉢㉣의 3배와 같습니다.
> · ㉢㉣-㉠㉡은 5로 나누어떨어집니다.

이 문제의 어려움은 주어진 조건을 통합해서 이해하는 데 있습니다.

아마도 이 문제를 3학년 학생이 혼자 힘으로 제 학년에 맞게 풀려면 네 자리 수를 일일이 실험하며 될 때까지 확인하는 방법으로 풀어야 할 것입니다.

그런데 이 문제는 주어진 조건을 문자로 쓰고 일차방정식을 이용하면 그렇게까지 어렵지 않습니다. 그렇다면 이 기술이 고등 심화 문제를 풀 때 얼마나 쓰일 것 같습니까? 그렇게 어렵게 심화를 했는데 정작 고등 때 별 쓸모가 없다면 참 억울한 일이 아니겠습니까?

심화를 할 '능력'을 기르는 게 우선입니다

초등 때 무리하게 심화를 붙들고 끙끙대지 마세요. 그 시간에 다양한 사고력 수학을 하며 능력부터 잡으세요. 문제해결력은 어떻게 하냐고요? 전문 사고력 문제집으로 하는 것이 더 효과가 좋고 가성비도 좋습니다. 문제풀이 사고력은 초등에서 머물지 않고 윗학년의 다양한 개념들을 끌어오면서도, 이것들을 지식 학습할 필요가 없이 문제해결력을 기르는 도구로만 이용하기에 아주 효과적입니다.

영재고나 과학고 라인을 타지 않더라도 어려운 심화 문제를 붙들고 씨름해 보는 경험이 필요하지 않을까 생각하는 분들도 많습니다. 하지만 이 경험 역시, 초등 때까지는 사고력 수학으로 하는 게 더 효과적입니다.

즉 초등 시기에는 사고력 수학으로 능력을 키워 바닥을 탄탄하게 다진 후 심화 수학으로 넘어가는 것이 좋습니다.

심화보다 아이의 마음 상태가 더 중요하다

만약 아이가 심화 수학을 무리 없이 진행한다면? 축하드립니다. 바로 심화 수학을 진행하셔도 됩니다. 그런데 아이가 심화 수학을 수월하게 하는지 아니면 힘들어하는지 어떻게 판단할까요?

원래는 심화서의 정답률로 판단하는 게 가장 객관적입니다. 정답률이 70%가 넘는다면 끌고 가도 됩니다. 단 《하이레벨》 같은 가장 어려운 교재는 정답률 50% 기준으로 판단해야 합니다. (참고로 《하이레벨》은 홀수만 풀려도 됩니다)

다만 집에서 정답률로 판단하는 것은 다소 정확하지 않을 수 있습니다. 한 번에 몇 문제를 푸는지, 심화 수학을 할 때 어떻게 배웠는지, 푸는 과정에서 어떤 힌트를 얼마나 받았는지에 따라 정답률이 크게 달라질 수 있기 때문입니다.

아이가 심화를 해낼 수 있는지 알아내는 가장 정확한 방법은 전문가와 상담하는 것입니다. 다만 전문가와의 상담만으로는 판단하기에 정보가 부족할 수 있습니다. 집에서도 할 수 있는 방법은, 심화를 하는 아이를 관찰하는 것입니다. 아이가 심화를 할 때 좋아하면 해낼 수 있습니다. 혹은 좋아하지는 않더라도 괴로워하지는 않으면 됩니다. 칭얼대는 정도면 다독여서 끌고 갈 수 있지만, 괴로워하고 멘탈에 악영향이 있으면 멈춰야 합니다. 이때 아이의 괴로움을 과소평가하고 싶은 유혹을 뿌리쳐야 합니다.

그렇게 아이를 살폈더니 편하게 심화를 하지 못한다고 결론이 났다면 어떻게 해야 할까요? 그냥 응용까지만 진행합니다.

대신 자기 힘으로 도전할 만한 응용서를 푸는 것이 좋습니다.

<mark>응용이나 심화는 학기당 1~2권으로 끝내십시오. 심화문제를 더 잘 풀기 위해서 지나치게 스몰스텝으로 난도를 높여 가며 많은 문제집을 풀리면 안 됩니다.</mark> 이렇게 물량공세로 심화서를 풀 수 있게 만드는 것은 값싼 자기기만입니다. 심화문제를 푸는 주된 목적은 막막하고 어려울 때 혼자 힘으로 문제를 해결할 수 있는 힘을 기르는 것이기 때문입니다.

초등 때는 응용까지만 공부하고, 중·고등 때 심화 잘해서 수능 때 킬러 문제를 풀 수 있습니다. 심화는 힘에 맞게 했을 때만 도움이 됩니다.

교과 수학의 포인트 3

습관 기르기

여기까지 읽고, 제가 제안하는 교과 수학이 생각보다 그렇게까지 대단하지는 않다고 느끼셨습니까? 하지만 초등 교과 수학이 중요하지 않다는 것이 아닙니다. 제가 하고 싶은 말은 '아이의 정서와 태도를 고려해야 하므로 지나치게 무리하지 말라'입니다. '적게 해도 된다'가 아님을 다시금 상기해 드립니다. 도리어 제 나이에 배워야 하는 걸 놓치면 오히려 남들보다 수학을 잘하지 못한다는 생각에 정서와 태도가 안 좋아집니다. 그리고 변화한 입시 환경 때문에 선행을 많이 나가야 하는 것도 사실입니다. 저는 사실 이 책을 쓰면서 많이 조바심이 납니다. 무지막지한 속도로 선행을 나가는 교육특구 아이들을 보면, 비교육특구 아이들이 총을 들고 탱크와 맞서고 있다는 느낌이 들어서요. 그래서 자칫 '공부 적게 해도 된다'라는 오해를 불러일으킬까 조심스럽기도 합니다.

하지만 그럼에도 불구하고, 지금 당장 눈에 보이는 교육특구 아이들과 내 아이의 격차보다 훨씬 중요한 게 따로 있습니다.

초등 때 가장 중요한 목표가 정서와 태도라고 했지요. 그중 하나가, 교과 수학을 규칙적으로 공부하는 습관을 들이는 것입니다. 나가야 할 진도가 정해져 있는 교과 수학은 공부하는 습관을 들이는 데 가장 좋은 도구입니다. 공부하는 습관을 들여 놓으면 앞으로의 중고등학교 생활이 편해집니다. 초등 때 공부하는 습관을 들여 놓으면, 사춘기 때 방황하더라도 공부하면서 방황합니다. 게다가 언젠가 공부할 마음이 들었을 때 큰 힘 안 들이고 무섭게 많이 공부할 수 있게 해 줍니다.

공부할 동기를 부여하면 반드시 실패하는 이유

10kg을 빼고 싶은 동기(비전, 목표, 동기)가 있다고 칩시다. 성공할까요? 대부분의 사람은 실패합니다. 왜 실패할까요? 동기

가 약해서? 내가 의지박약이라서?

아이들도 공부를 잘하는 데 실패합니다. 왜 실패할까요? 공부할 마음이 없어서? 세상 물정을 몰라서? 게임에 빠져서?

공부로 성공한 사람들 얘기를 들어 보면 대체로 비슷한 줄거리입니다. 이들은 자신이 똑똑해서가 아니라 공부를 열심히 해서 성공했다고 말합니다. 어떻게 그렇게 열심히 했냐고 하면 강한 동기가 있었다고 합니다. 이들의 말을 들으면 공부를 잘하는 데 가장 중요한 것은 열심히 공부할 마음, 즉 동기인 것 같습니다.

그래서 많은 부모들이 아이에게 어떻게 동기부여를 할까 고민합니다.

"우리 애는 공부 욕심이 통 없어요."

"공부하면 좋은 이유를 암만 말해도 귓등으로 흘러들어요."

"감동적인 동기부여 책, 영상, 강연이 없을까요?"

자녀에게 공부할 동기를 부여하고 싶어서 잔소리를 하기도 하고, 보상을 걸기도 합니다. 열심히 공부하는 엄친아, 엄친딸 사례로 아이를 훈계하기도 합니다. 공부 안 하면 닥쳐올 미래의 불이익으로 위협하기도 합니다. 하지만 그때뿐입니다. 아이가 비전이나 목표가 있으면 공부를 열심히 할 것 같은데, 우리 아이는 꿈도 없다고 생각하니 조금 답답하죠?

하지만 분명히 말씀드립니다. 동기는 착각입니다.

==진실은 열정이 성공을 불러온 게 아니라 성공이 열정을 불러왔다는 사실입니다.== 사람은 잘되고 있을 때는 열정적이기 쉽습니다. 거꾸로 노력해도 잘되지 않고 실패가 거듭되는데 열정이 지속되기는 어렵습니다. 다시 말해, 성공한 사람들이 말하는 동기는 사실 성공하고 나서 생겨났습니다.

==아이가 공부를 잘하게 하려고 보상, 처벌, 비전 등으로 동기를 부여하려고 하지 마세요.== 감동적인 동기부여 강연이나 영상, 스토리를 보여 주며 공부를 잘하기를 기대하지 마세요. 이미 설명했지만, 공부를 함에 따라 얻게 되는 이득 때문에 공부하는 '간접동기'는 실패합니다.

또 다른 진실은 다음과 같습니다. 목표를 세워서 달리면 절대로 성공할 수 없습니다. 왜일까요? 그 목표를 달성한다는 보장도 없지만, 더 중요한 이유는 ==그 목표를 달성할 때까지 늘 목표 달성에 실패한 상태에 처하기 때문입니다.== 목표를 달성하기 전까지는 성취감이 없습니다. 재미가 없습니다. 지칩니다. 그러니 목표 설정은 패배자나 하는 짓입니다.

목표 달성에 성공하면 짜릿합니다. 하지만 목표를 달성하면 동기와 방향이 사라집니다. 짧은 성공 뒤에 긴 공허함이 남습니다. 허무감을 느낀 사람은 또다시 새로운 목표를 설정합니다. 새로운 목표는 더 대단해야 합니다. 목표 달성에 성공했지만 이내 성공하기 전의 패배자 상태로 돌아갑니다. 그러니 공부가 재미없습니다. 공부로 성공하기도 어렵습니다.

동기부여가 아니라 시스템이다

성공하려면 목표가 아닌 시스템에 집중하십시오. '10kg 감량'은 목표지만 '가공식품 제한적으로 먹기'는 시스템입니다. '합격'은 목표지만 '숙제부터 하기'는 시스템입니다. 목표는 한 번 달성하면 끝나는 것이고 시스템은 규칙적으로 행하는 것입니다. 행하는 자체로 성공인 것, 그것이 시스템입니다.

초인이 아닌 다음에는 인간 누구나 매일 해야 하는 행동을 의지력만으로 끌고 갈 수는 없습니다. 작심삼일이라는 말이 괜히 있겠습니까? 장기간 반복되는 행동은 의지력이 아니라 시스템이 담당해야 합니다. 공부하는 시스템을 잘 설계하고 정착시키고 습관으로 만드는 몇 가지 팁을 알려 드리겠습니다.

팁 1. PDS(Plan-Do-See) 시스템

'아무리 그래도 어떻게 목표도 없이 무작정 공부를 해?'라는 의문이 들 수 있습니다.

오해입니다. 시스템에도 목표가 있습니다. 다만 시스템의 목표는 보통 우리가 생각하는 목표와 성격이 조금 다릅니다.

예를 들면, 4달 뒤에 5학년 1학기 무슨 참고서의 단원평가를 모두 맞힌다. 이것은 규모가 크고, 달성까지 시간적 거리가 먼 목표입니다.

이와 달리 시스템의 목표는 규모가 작은 목표들입니다. 시스템 안에서 작은 목표들을 세우고 이를 계속 달성합니다. 이것이 바로 Plan-Do-See, 줄여서 PDS 시스템입니다.

PDS 시스템의 목표를 세울 때는 다음과 같은 규칙이 있습니다.

> **PDS(Plan-Do-See) 시스템의 목표**
>
> - 매일 달성할 수 있어야 한다.
> - 구체적인 행동이어야 한다.
> - 성공과 실패의 기준이 명확해야 한다.
> - 성공 기준이 지나치게 높지 않고 노력하면 달성할 수 있다.

PDS 시스템은 작게 시작하세요. 자녀에게 매일 할 목표를 정하라고 할 때, 터무니없이 작은 목표를 정하십시오. 시작하는 것이 가장 어렵습니다. 터무니없이 작은 목표는 습관이 형성될 때까지 꾸준하게 반복할 수 있게 해 줍니다. 예를 들면, '매일 책상에 앉아서 1문제 이상 푼다.'로 정하세요. 보통은 1문제로 끝나지는 않습니다.

'저렇게 조금 공부해서 무슨 효과가 있겠어?' 싶어도 길게 보십시오. 처음에 욕심부리다가 작심삼일로 끝나기 쉽습니다. 우선 공부 습관을 들이는 것에만 목표를 두십시오. 습관이 들고 나면 공부량을 늘리기는 쉽습니다.

한 서울대 학생이 자기는 초등 저학년 때 매일 저녁 8시면 엄마와 일정 시간 앉아 있는 규칙이 있었다고 합니다. 공부를 하거나 책을 읽으라는 것이 아니라 그냥 앉아서 자기가 하고 싶은 것을 했다고 합니다.

그런데 이것이 습관이 되니까 나중에 저녁에 몇 시간씩 매일 공부하는 습관으로 이어졌답니다.

매일 목표 달성 여부를 확인하세요. 오늘 성공하면 축하하고, 실패하면 격려해 주세요. 아이도 성공하면 조금 더 도전하고, 실패하면 원인을 찾아서 연구하게 됩니다. 날마다 연구하니까 시간이 지날수록 점점 더 자주 성공을 맛보고, 조금씩 성장하게 됩니다. 이 과정에서 성취감과 자긍심이 커집니다. 이 긍정적인 감정이 습관을 형성하는 강한 힘이 됩니다.

날마다 Plan-Do-See를 반복하면 아이도 날마다 셀프 칭찬을 하고, 이것이 작은 성공의 눈덩이를 굴리는 비탈길의 역할을 합니다.

이것이 점점 발전하면, 다음과 같은 구체적이면서도 덩어리가 큰 목표를 세우는 게 가능해집니다.

> 매일 2쪽씩 문제집을 푼다. 문제를 혼자 풀고 채점한 뒤에 오답을 고친다. 20분 안에 스스로 오답을 못 맞히면 답지를 보고 이해한다. 오답을 해서라도 맞히는 문제가 90% 넘으면 성공, 아니면 실패.

팁 2. 성취감과 성장 마인드셋 고양시키기

어릴 때 무언가를 시작하여 계속 성공하면 성공의 눈덩이가 긴 비탈길을 굴러가면서 나중에는 아주 커집니다. 어릴 때 시작할수록 작은 차이가 나중에는 큰 차이로 나타납니다.

작은 성공의 눈덩이를 잘 굴리는 방법은 아이가 자신이 잘 해내고 있다는 느낌, 성취감을 가지게 하는 게 핵심입니다. 성취감이 반복되면 뇌는 공부하는 데 중독됩니다. 습관의 원인은 반복한 기간이 아니라 긍정적인 감정입니다. 즉 PDS 시스템이 성공적으로 운영되는 핵심은 바로 아이가 느끼는 성취감입니다.

사고력 수학에서는 여러 가지 방법으로 문제를 푸니, 풀었을 때 실패하더라도 그걸 실험으로 간주하곤 합니다. 하지만 교과 수학은 풀이도 답도 어느 정도 틀이 있기 때문에 무심코 부모가 "틀렸네.", "아, 푸는 데 실패했네."라는 말을 쓰기 쉽습니다.

실패라고 하지 마세요. 말에는 힘이 있습니다. 실패라고 말하면 그 말을 하는 사람이나 듣는 사람에게 더 이상 뭐를 할 수 없다는 생각이 들게 합니다. 실패라고 말하면 이제까지 무엇을 했고, 어떤 것을 알았으며, 다음에 무엇을 해야 할지 생각하지 못하게 막아 버립니다.

아이는 실패한 것이 아니라 성장하고 있는 것입니다. 실패라고 부르지 말고 성장, 개선, 학습이라고 부르세요. '~하는 중'이라고 불러도 좋습니다. 나아지는 중, 개선하는 중, 다지는 중, 최적화하는 중, 배우는 중, 성공하는 중. 혹은 전환, 재구성, 재설계라고 불러 보세요.

에디슨은 이렇게 말했지요. "나는 1000번 실패한 것이 아닙니다. 1000가지 작동하지 않는 방법을 발견한 것입니다."

팁 3. 시간의 정리정돈

PDS 시스템을 가동할 때 중요한 건 시간 관리입니다. 공부 시작하는 시간을 일정하게 정하는 것이 좋습니다.

이때 확실하게 진행되는 하루 일정 중에 끼워 넣으면 더 쉽게 습관이 형성됩니다. 이를 예를 들면, 학교에 다녀와서 가방을 내려놓으면 바로 책상에 앉아서 목표 달성을 위해 학습지 1장을 푼다고 정하는 식입니다.

《습관의 디테일》의 저자 포그는 이를 '행위자극' 또는 '앵커'라고 부르면서 이는 습관을 정착시키는 가장 효과적인 방법이라고 말했습니다.

핵심은 행위에 '의지력을 쓸 필요가 없다'입니다. 헬스장에 가서 퍼스널 트레이닝을 받는 것이나, 학원에 가는 것도 의지력을 최소한으로 쓰고 어떤 행위를 장기간 반복하게 해 주는 시스템입니다. 앵커를 적절하게 설계하는 것도 의지력을 안 쓰고 원하는 행동을 반복하게 만드는 시스템입니다.

팁 4. 단원 평가는 시험으로

흔히 교과 수학을 공부할 때 문제집의 단원평가를 숙제로 풀리는 경우가 많습니다. 그렇게 해도 좋지만 다른 방법을 제안합니다. GTG 학원에서 여러 학생에게 적용해 봤는데 97%의 부모님이 좋아했습니다.

단원평가를 건너뛰세요. 그리고 다음 단원으로 진도를 나가세요. 대신 5일쯤 지나서 좀 잊어버렸을 때 단원평가를 시험으로 치세요. 미리 시험 시간과 합격 점수를 아이와 의논해서 정합니다. 정해진 시간에 시험을 칩니다. 채점을 하고 오답을 합니다. 오답을 하여 맞힌 문제 포함, 정해진 점수 이상을 맞으면 합격을 축하하는 축하 시스템을 가동합니다.

이렇게 하면 몇 가지 좋은 점이 있습니다.

첫째, 진단 효과가 있습니다. 방금 공부했을 때는 아직 기억이 많이 살아 있어서 정확하게 아는 내용과 어렴풋이 아는 내용이 구별이 안 됩니다. 하지만 기억이 희미해진 뒤에 시험을 치면 어렴풋하게 아는 내용은 표가 납니다. 많은 학생들이 자기가 뭘 모르는지를 몰라서 문제를 못 풉니다.

둘째, 복습 효과가 있습니다. 시험 전에 중요한 내용과 틀렸던 문제를 복습할 기회를 주세요. 복습 방법도 알려 주세요. 시험을 친 뒤에는 틀린 문제를 스스로 고치게 해 주세요. 이때 오픈북으로 오답을 하게 해 주세요. 이렇게 하면 서서히 잊히던 내용이 더 많이 장기기억으로 넘어갑니다.

셋째, 축하 효과가 있습니다. 단원평가를 시험으로 본 후 축하 시스템을 치르세요. 이때 틀린 것에 주목하지 말고 합격한 것에 주목합시다. 기쁘게 축하한 뒤에 오답노트를 할 때도 혼자서 고치게 해 주세요. 모르겠으면 오픈북으로 풀게 해 주세요. 오답의 목적은 처벌이 아니라 학습이니까요. 혼자 힘으로 고쳐서 맞으면 한 번에 맞은 것보다 더 축하해 주세요.

이렇게 하는 것은 아이에게 "나는 네가 했던 노력과 이룩한 성취를 인정하고, 축하한다."라는 긍정적인 피드백을 주는 것입니다. 이렇게 시스템의 힘을 빌려서라도 우리의 본성을 거슬러서 아이에게 긍정적인 피드백을 주세요. 아이가 공부를 좋아하고 문제 푸는 것을 즐기게 됩니다.

팁 5. 환경 바꾸기

환경이 바뀌면 습관이 쉽게 바뀌고 바뀐 습관이 오래 지속됩니다. '자신의 현재 모습은 가장 가까이 지내는 5명의 평균과 같다.'라는 말이 있습니다. 환경이 사람에게 미치는 영향력은 맹모삼천지교라는 옛이야기로도 알려져 있고 '사회적 전염 이론'이라는 현대의 연구로도 뒷받침되었습니다.

환경의 위력을 알 수 있는 대표적인 사례가 '교육특구'입니다. 흔히 학군지라고 불리지요. 교육특구 학생과 비교육특구 학생 사이의 학력 격차는 매우 큽니다. 이는 비교육특구 학생들이 원래부터 부족해서가 아닙니다. 교육특구에서는 주변 친구들이 모두 열심히 공부합니다. 또한 '일단 가기만 하면 공부하게 되는' 학원이라는 환경이 갖춰져 있습니다. 큰 의지나 결심이 없어도 그저 주어진 환경에 동참하기만 해도 많이 공부할 수 있습니다. 부모님이 칭찬이나 격려의 기술이 조금 부족하더라도, 환경 자체가 아이가 공부하도록 이끄는 것입니다. 반면에 비교육특구에서는 부모님이 매우 고도의 교육기술을 가지고 시간을 많이 투자해야만 아이가 어릴 때부터 열심히 공부할 수 있습니다.

아이의 공부 습관을 만들고 싶다면 환경을 바꾸세요. 사는 곳을 바꾸거나 열심히 공부하는 분위기인 좋은 학원의 좋은 수업에 보내는 것입니다. 함께 공부하는 친구 그룹을 만들어 주거나 집안에 학습하는 분위기를 만들어도 좋습니다.

초3부터 시작하는
필승 완전학습

7회독 학습법

문제를 잘 풀려면 필요한 지식이 있어야 하는데, 이 지식을 어떻게 학습하면 좋을까요? 뼈대 먼저 학습해야 합니다. 먼저 뼈대를 세우고 거기에 근육과 살을 붙여야 한다는 뜻입니다. 뼈대가 없으면 흐물흐물 힘을 쓸 수 없습니다. 수학 역시 마찬가지입니다.

　수학에서 뼈대로 삼을 것은 개념, 원리, 대표문제입니다. 단단한 뼈대를 갖추는 공부법으로 '7회독 학습법'을 추천합니다. 그 방법을 자세하게 설명합니다.

7회독 학습법 미리 보기

단계1 개념·원리 백지 테스트
단계2 문제 기본서 7번 풀기
단계3 반반 노트에 풀기
단계4 신호등 채점하기
단계5 한줄풀이 달기
단계6 대표문제 단어장 만들기
단계7 단원 평가는 시험으로

단계1. 개념·원리 백지 테스트

개념은 '왜?'를 되풀이해서 기반지식과 연결될 때까지 이해해야 합니다. 원리(=공식)는 어디에 쓰이는지 및 어떻게 유도하는지 알아야 합니다. 빈 종이에 혼자 힘으로 정확하게 유도할 수 있어야 합니다. 개념과 원리가 왜 생겼는지, 그 의미가 무엇인지, 왜 이러한 표현방식을 쓰는지 등 작은 모호함도 없을 때까지, 남을 가르칠 수 있을 정도까지 이해해야 합니다. 개념과 원리를 이해한 뒤에는 암기해야 합니다. 어느 정도냐면 책을 안 보고도 설명할 수 있을 정도로 확실하게 암기해야 합니다.

개념과 원리가 약한 상태에서는 아무리 문제를 많이 풀어도 성적상승에 한계가 있습니다. 초등이나 중등 때는 문제만 푸는 식으로 공부해도 90점 이상도 나오지만 고등학교에 올라가면 점점 성적이 안 나옵니다. 경험상 수능 3등급이 한계입니다. 모든 문제를 다 외워야 해서 학년이 올라갈수록 공부할 양이 급격하게 많아지니까요.

개념과 원리를 학습하는 방법으로 '선생님 놀이'를 추천합니다. 개념과 원리를 남에게 가르치는 겁니다. 학생이 초등 4학년 이하면 선생님 놀이를 하자고 하세요. 오늘 배운 것을 물어보시고, 궁금하다면서 가르쳐 달라고 하세요. 자녀가 가르쳐주면 진심으로 귀를 기울여 주세요. 자녀가 버벅거리더라도 지적하지 마세요. 버벅거리는 이때 자녀의 머리에서 진정한 학습이 일어납니다. 자녀가 잘못 알고 있을 때는 바로 지적하지 말고 "좀 이해가 안 되네. 더 자세히 설명해 줘."라고 하세요. 필요하면 잠깐 책을 보고 다시 설명하게 하고요. 선생님 놀이를 하기 어려우면 카메라로 녹화하게 해도 좋습니다. 유튜버가 되는 거죠.

이렇게 공부한 개념과 원리가 어느 정도 쌓이면 책을 안 보고 기본서의 목차를 백지에 적는 백지 테스트를 합니다. 이때 목차 옆이나 밑의 빈자리에 개념과 원리를 요약해서 적습니다. 목차 대신 마인드맵을 이용하면 더 좋습니다.

단계 2. 문제 기본서 7번 풀기

한 단원 단위로, 문제 기본서에 있는 기본 예제와 정형화된 응용문제를 여러 번 풉니다. 예를 들어 《쎈수학》의 경우, A단계 기본 다잡기-B단계 유형 뽀개기까지 푸는 것이지요.

초등 3~4학년 과정이라면 처음 2번은 모든 문제를 다 풉니다. 초등 5학년 이상의 과정이라면 처음 3번은 모든 문제를 다 풉니다. (정답률이 80%가 넘어가면 양을 조절할 수도 있습니다. 한 유형마다 대표문제와 마지막 문제만 푸는 것처럼요)

다음 3번은 틀렸던 문제만 골라서 풉니다.

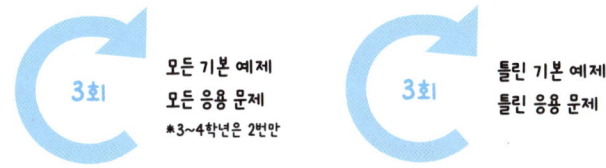

심화문제까지 풀면 안 되냐고요? 예를 들어 《쎈수학》의 경우, C단계 응용 도전하기까지 푸는 게 좋지 않을까요?

뼈대로 만들 대상은 기본 예제와 정형적인 응용문제면 충분합니다. 괜히 어려운 문제집 풀면서, 자기 힘으로 못 풀고 남이 풀어 주는 문제풀이 강의를 들을 필요가 없습니다. 그렇게 하면 머리에 온갖 문제유형이 뒤죽박죽인 채로 떠돌아다닐 뿐입니다. 강의 듣고 오답노트까지 해도 조금만 변형되면 못 풉니다. 기초가 허약한데 불필요하게 공부량을 늘리거나 어려운 문제에 도전하면 아예 공부를 포기하거나, 하더라도 정성껏 공부하지 않습니다.

냉장고에 있는 물건인데 또 샀던 경험 없습니까? 저는 있습니다. 정리정돈이 안 되어 있으면 아무리 물건이 많아도 필요할 때 써먹지 못합니다.

이 단계에서는 안 풀리는 문제는 3분에서 5분 정도만 생각하고 답지를 봐도 됩니다. 능력을 기르는 것이 주된 과업이 아니기 때문입니다. 문제를 혼자 힘으로 푸는 것보다 더 중요한 것은 배운 것을 깊이 이해하고 체계적으로 정리하며 다음에 꺼내 쓰기 쉽게 갈무리하는 것입니다. 안 풀리는 문제를 다루는 법은 265쪽 '교과 수학, 어떻게 공부해요? 1'을 참고하십시오.

그런데 3번 풀기+틀린 문제 3번 풀기=6번 풀기인데 왜 7번 풀기냐고요? '단계6. 대표문제 단어장 만들기'가 마지막 7번째 풀기입니다.

단계 3. 반반 노트에 풀기

문제를 풀 때는 책에 풀지 말고 반반 노트에 풉니다.

반반 노트는 자기 풀이를 돌아보게 하려고 만든 장치입니다. 흔히 처음 문제 풀 때 쓰는 연습장 따로, 틀린 문제만 푸는 오답 노트 따로 두는데 반반 노트는 이를 하나로 합친 것입니다.

반반 노트 사용법

1. 오늘 날짜, 문제집 이름, 쪽수를 씁니다.
2. 반반 노트의 왼쪽에 문제 번호를 쓰고 문제를 풉니다.
3. 채점받은 후 틀리면 풀이 중에서 틀린 부분을 표시합니다.
4. 틀린 부분부터 반반 노트의 오른쪽에 새로 풉니다.
    *오른쪽에는 오답 노트 혹은 교습자의 첨삭을 쓸 수도 있습니다.
5. 시험을 칠 때마다 반반 노트를 보며, 틀렸던 문제와 알쏭달쏭 문제를 다시 공부합니다.

노트를 반으로 나누어서 왼쪽에만 풀고, 오른쪽은 비워 둡니다. 각 잡고 서술형으로 풀 필요는 없고 그냥 평소 풀 듯이 편하게 풀면 됩니다.

틀린 문제는 틀린 부분을 찾아서 빨간 펜으로 밑줄을 그은 뒤에 그 부분부터 오른쪽 빈자리에 풉니다. 이러면 풀이 과정 없이 답만 썼어도 오답 노트할 때 자기 풀이를 돌아보게 됩니다. 그런데 어떤 때는 틀린 부분을 찾는 데 성공하기도 하고 어떤 때는 실패할 겁니다. 틀린 부분을 못 찾을 때는 어떻게 풀었는지 자기 풀이 과정을 설명하게 합니다. 그러면 말하다가 혼자 힘으로 틀린 부분을 찾아내는 경우가 많습니다.

틀렸다가 도움 없이 혼자 힘으로 맞히면 한 번에 맞은 것만큼이나 크게 추임새를 넣어 가며 동그라미를 쳐 줍니다. 몇 번이나 틀리다가 맞으면 더 크게 축하합니다. "어려웠을 텐데 포기하지 않고 도전하더니 드디어 성공했구나. 대단하다. 축하해." 아이도 한 번에 맞았을 때보다 더 좋아할 것입니다.

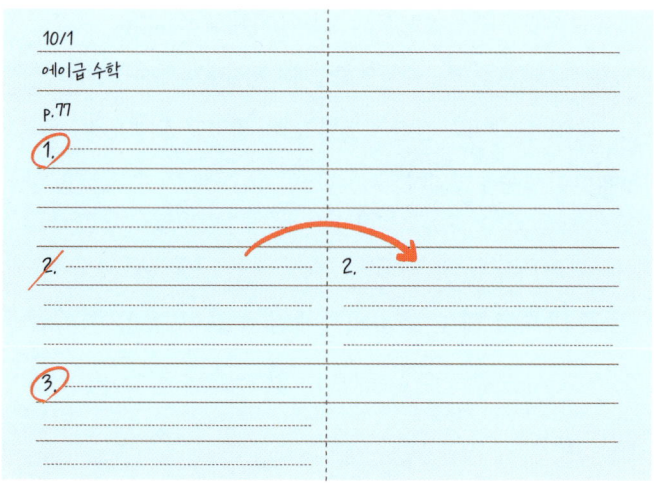

반반 노트는 흔한 오답 노트가 아닙니다. 그 밑바탕에 철학이 깔려 있습니다.

- 실수는 나쁜 것이 아니고 배우고 성장하는 데 필수적이다.
- 실수를 통해 배운다. 나아가 실수를 해야만 배운다.
- 시험(Exercise)에서는 틀리는 실수를 줄여야 하지만, 문제(Problem)에서 틀리는 것은 실수가 아니라 실험이다.
- 긍정적인 피드백만으로도 실수를 잡을 수 있다. 실수를 잡으려고 부정적인 피드백(지적, 훈계, 잔소리)을 주는 것은 "너는 실수를 잡을 마음이 없다.", "너는 실수를 잡을 능력이 없다."라고 믿는 것이다.
- 우리 아이는 잘하려는 마음이 있고, 잘할 능력이 있다. 아이는 부모가 믿는 대로 된다.
- 실수를 잡는 것을 내 과제로 만들지 말고, 아이의 도전과제로 만들자. 우리 아이는 할 수 있다. 부모(교습자)는 믿어 주고, 격려하고, 인정하고, 축하 '만' 하자.

단계4. 신호등 채점하기

모든 풀이는 반반 노트에 풀기 때문에, 책에는 아무것도 안 씁니다. 다만 맞았다(O), 틀렸다(/), 틀렸다가 맞았다(△), 맞긴 맞았는데 찝찝하다(●)만 문제 번호 위에 표시합니다. 2번째 풀 때는 1번째 풀 때 채점한 옆에 표시합니다. 이렇게 여러 번 풀고 채점하면 신호등처럼 보입니다. 자신만의 기호를 정하거나 색깔로 표시해도 좋습니다.

단계5. 한줄풀이 달기

이 단계가 가장 중요합니다. 도움 받은 문제, 맞았지만 찜찜한 문제에 '한줄풀이'를 답니다.

한줄풀이는 문제를 압축해서 한 줄의 문장으로 압축해서 정리하는 것입니다. 예를 들면, '통분한 다음에 분자의 범위를 알아본다.' 이런 식으로 압축 정리합니다. 《정석》에서는 빨간 글씨로 '정석'이라고 표시된 부분, 《쎈수학》 풀이집에서는 '전략'이라고 표시된 부분을 참고하면 됩니다.

다음의 문제를 예로 들겠습니다.

> 어느 반에서 좋아하는 과일을 조사하니 포도를 좋아하거나 사과를 좋아하는 학생은 24명입니다. 포도를 좋아하는 학생의 4분의 1은 사과도 좋아하고, 사과를 좋아하는 학생의 3분의 1은 포도도 좋아합니다. 이 반에서 사과를 좋아하는 학생은 몇 명입니까?

이 문제의 한줄풀이는 어떻게 달까요? 한줄풀이를 달려면 문제를 분석하고 맥락을 파악해야 합니다.

"둘 다 좋아하는 학생 수를 ☆이라고 하자. 포도와 사과는 ☆이 몇 개일까?"

그러면 한줄풀이는 이렇게 됩니다.

> 둘 다 좋아하는 학생 수를 ☆라고 하고, 각각의 학생 수를 ☆로 나타낸다.

한줄풀이를 다는 과정에서 이 문제는 다른 문제와 무엇이 비슷하고 무엇이 다른지, 그래서 이 문제만의 고유한 본질이 뭔지, 어떤 개념이나 원리가 쓰이는지(《쎈수학》이라면 문제 옆에 어떤 개념이 쓰였는지 표시되어 있습니다), 출제 의도가 무엇인지 등을 정리하게 됩니다.

단계6. '대표문제 단어장' 만들기

이 단계를 거쳐야만 그동안 공부한 지식이 머리 속에서 체계적으로 정리되어서 연결과 통합, 구조화가 일어납니다. 그래야 인출이 자유롭게 되며 응용도 활발하게 일어납니다. 이 단계를 빼먹지 말고 꼭 거쳐야 합니다.

예를 들어《쎈수학》B 단계는 문제유형별로 제목이 있고 그 밑에 대표문제가 있습니다. 이 대표문제만 모아서 영어 단어장처럼 만드십시오. 복사해서 공책에 붙여도 좋고, 스캔해서 편집해도 좋습니다.

이걸 들고 다니면서 수시로 봅니다. 대표문제를 보면서 한 줄풀이가 머리에 떠오르는지 확인합니다. 그렇게 하다 보면 문제와 문제 사이의 관계까지 눈에 들어옵니다.

이것이 익숙해지면, 나중에는 목차와 차트까지 만들어 조직화해 봅니다. 고학년 과정일수록 개념, 원리, 대표문제를 반드시 조직화해야 합니다.

단계7. 단원 평가는 시험으로

238쪽에서 자세히 설명했으므로 생략합니다. 7회독 학습법에서도 단원평가를 따로 풀게 하지 말고 시험으로 만들면 좋습니다.

주의사항

이 방법은 초등 3학년 과정 이후부터 하길 추천합니다. 그 이하는 추천하지 않습니다. 아이가 어리고, 정리해야 할 개념이나 원리는 적고 단순 계산훈련이 많아서이기도 합니다.

또한 이 방법은 상위 10% 밖에 있는 학생에게 더 적합합니다. 상위 10% 안에 드는 학생들은 반복학습의 비중은 줄이고 심화학습의 비중은 늘려야 합니다. 상위권 학생은 더 적은 반복으로도 완전학습이 되기 때문입니다.

초등, 중등 과정은 개념 기본서가 아니라 유형서를 가지고 하세요. 기본문제와 정형적인 응용문제까지가 개념·원리인데 초등, 중등 개념 유형서는 기본문제와 정형적인 응용문제가 체계적으로 정리된 것이기도 하기 때문입니다. 반면 개념 기본서는 기본문제와 정형적인 응용문제가 체계적으로 정리된 것이 적습니다. 또한 개념을 형성하는 활동이 많아서 책에 써야 하는 경우가 많기도 합니다.

초등 유형서로는 《생각수학 유형》, 《쎈수학》, 《개념+유형》(비상), 《기본+응용》(디딤돌)이 좋습니다. 중등 및 고등 유형서로는 《쎈수학》을 추천합니다.

7회독 학습의 작동 원리

7회독 학습을 하고 나면 전체적인 체계가 머리에 형성됩니다. 또, 이 과정에서 압축된 지식은 하나의 모듈이 됩니다. 이렇게 정리된 체계와 모듈이 뼈대의 역할을 합니다.

모듈은 큰 문제를 풀 때 하나의 레고 블록처럼 서로 연결되어 쓰이기도 합니다. 응용문제는 모듈 2~3개, 심화문제는 모듈 3~4개, 극심화 문제는 모듈 4~5개가 연결되어 있습니다. 학년이 올라갈수록 심화 문제에 결합된 모듈의 수가 많아집니다. 이렇게 압축한 지식은 기반지식으로 전환되기 쉽습니다. 기반지식에 모듈을 많이 가지고 있을수록 문제해결력이 강해집니다.

이렇게 체계와 모듈이라는 뼈대를 만든 다음에 세세한 지식과 심화문제를 학습하면 됩니다. 뼈대가 생긴 뒤에는 새로운 지식을 쉽게 장기기억으로 넘길 수 있습니다. 왜냐하면 인간이 새로운 지식을 학습하는 방식은 새로운 지식을 장기기억에 있는 기반지식과 연결하는 것이기 때문입니다. 새로운 문제나 심화문제를 만나면 우리의 뇌는 이것들이 기존 지식체계의 어디에 들어가면 되는지 분류해서 해당 뼈대에 연결합니다. 그리하면 쉽게 정리해서 장기기억으로 넘길 수 있습니다. 반면에 기반지식과 연결되지 않으면 아무리 많이 배워도 금방 휘발되어 사라집니다.

실제 사례입니다. 저희 사고력 수학 수강생인 4학년 학생의 어머니께서 전화를 주셨습니다. 중학생인 언니의 교과 수학을 상담하는 전화였습니다. 당시는 중학생도 내신 상대평가를 하던 시절이라서 언니도 대형 수학 학원에서 내신 대비를 열심히 했습니다. 그런데 중간고사를 못 쳤다는 겁니다. 공부했던 교재와 중간고사 시험지를 가져오라고 해서 확인했습니다. 학원에서 공부한 문제집과 프린트를 합치니까 중간고사 범위를 무려 3,000문제 정도 풀고 오답노트를 만들었더군요.

쭉 살펴보는데 특이한 점이 눈에 띄었습니다. 어떤 문제집에서 틀렸던 유형의 문제를 다른 문제집이나 프린트에서도 맞았다가 틀렸다가를 반복하는 겁니다. 무척 중요한 개념을 묻는 문제라서 시험에 나올 확률이 높은 유형이었습니다. 결국 중간고사에도 출제되었는데 또 틀렸더라고요.

정리할 틈도 없이 많은 문제를 풀다 보니까 체계가 잡히지 않고 머릿속이 뒤죽박죽이 된 것입니다. 마치 창고에 물건은 많이 있는데 너무 난장판이라서 뭐가 어디에 있는지를 모르는 격입니다.

이것이 제가 반반 노트, 한줄풀이, 7회독 학습법 시스템을 만들게 된 계기입니다.

7회독 학습법의 공부량은 적다

7회독 학습에서 공부할 양은 물리적으로는 문제집 1권, 공부하는 양으로는 문제집 2권 푸는 정도밖에 안 됩니다(이름만 7회독이지 공부할 양이 많지 않습니다). 대부분의 학생이 할 만한 공부량입니다.

그런데 공부량에 비해 나오는 효과에 놀랄 것입니다. 학원 다니면서 심화서까지 공부하고 학원 프린트로 수백 문제를 푼 학생보다 성적이 더 높을 것입니다. 기본서 한 권만 완전학습 하면 2등급(상위 11%) 근처는 확실히 가능합니다. 제가 20년 동안 많은 학생을 가르쳐 보니 이 방법이 공부량은 적고 공부하는 과정도 즐거우면서 효과는 확실합니다.

이렇게 공부하고도 시간이 남고, 공부가 더 하고 싶다면 심화문제도 풉니다. 물론 심화를 하다가 부작용이 날 것 같으면 바로 그만둡니다.

추가적인 효과 하나. 이렇게 공부하면 수학이 재미있어지는 순간이 문득문득 생깁니다. 완전학습을 했기에 작은 찜찜함도 없이 나는 잘 안다는 자신감이 생겨서 그렇습니다. 그래서 아직 공부의 맛을 잘 모르는 학생이 상위권이 되는 좋은 출발점이 됩니다.

무슨
문제집 사야 해요?

저는 사고력 수학 학원을 운영하지만 16년 전부터 초·중학생에게 초·중·고등 과정을 교육했습니다. 수학적 사고력을 개발하는 노하우를 교과 수학에 접목하면서 저와 저희 학원만의 고유한 교과 수학 교육방법이 생겼습니다. 제가 서울대 수학과를 졸업하고 오랫동안 교과 수학 학원에서 수업한 경험도 합쳤습니다.

저희 방법으로 교육해서 영재고, 과학고, 자사고, 중학교 전교 1등, 고등학교 전교 1등, 서울대, 의대 합격자를 많이 배출했습니다. 대부분의 학생이 교과 수학 성적이 크게 상승하고 수학을 좋아하게 되었습니다. 실전에서 오랫동안 검증된 노하우입니다.

교과 수학을 공부할 때 효과를 극대화하는 프로그램 구성을 알려 드리겠습니다.

연산 학습지

초등 3학년 1학기 과정까지는 연산 학습지를 권합니다. 이때 덧셈 구구(한 자리 수 덧셈), 뺄셈 구구(덧셈 구구의 역연산), 곱셈 구구(한 자리 수 곱셈), (두 자리 수)×(한 자리 수), (두 자리 수)÷(한 자리 수), (세 자리 수)÷(한 자리 수)를 단위 연산이라 하는데요. 단위 연산은 반드시 암산으로 할 수 있어야 하며, 99.99%의 정확도로 수행할 수 있어야 합니다. 99%도 안 됩니다. (세 자리 수)×(세 자리 수)을 할 때 단위연산이 20번 정도 수행됩니다. 단위 연산에서 오답률이 1%면, 복합연산에서 오답률은 20%가 됩니다. 따라서 단위연산은 철저하게 훈련해야 합니다.

3학년 2학기부터는 복합연산이 등장합니다. 단위연산을 알고리즘에 따라서 반복하는 것입니다. 단위연산을 잘해야 복합

연산을 잘할 수 있습니다. 마치 운동이나 악기를 배울 때 기본 동작을 철저하게 연습한 뒤에 연결동작을 연습하는 것과 같습니다.

연산 학습지로《빨강 연산》,《사고셈》,《쎈연산》,《원리셈》, 《소마셈》,《기적의 계산법》,《기탄》, 구몬, 눈높이 등이 있습니다.

연산서

연산 학습지는 연산의 속도와 정확도를 최대로 훈련시키는 것에 치중하는 교재입니다. 반면 연산서는 속도 훈련은 필요 최소한으로만 하고 개념과 원리의 숙달에 더 초점을 두고 있다는 점에서 서로 다릅니다. 연산서로 기본을 먼저 익히면 전체적인 수학 뼈대를 먼저 세우는 효과가 있습니다. (다만, 상위 30% 이내의 학생은 바로 기본서부터 공부해도 됩니다)

중하위권 학생은 새로운 지식을 공부할 때 계산 알고리즘을 이해하고 익히는 데 인지자원의 많은 부분을 씁니다. 단순 계산에 너무 많은 인지자원을 뺏기니까 정작 중요한 개념이나 원리, 대표문제를 이해하고 정리하는 것이 부실해집니다. 그러니 연산서를 먼저 공부하고 기본서를 공부하면 새롭고 어려운 지식을 이해하고 익히는 데만 온전하게 인지자원을 집중할 수 있습니다.

　3학년 2학기부터는 상위 50% 이하 학생이라면 진도를 나갈 때 연산서를 반드시 먼저 공부하길 강력하게 추천합니다. 《바쁜 @학년을 위한 빠른 교과서 연산》, 《@@ 개념이 먼저다》, 《@@의 발견》, 《초등연산 분수 소수 백분율 연결고리 학습법》을 추천합니다.

　중등 과정을 공부할 때는 중하위권에 한해 《바쁜 @@을 위한 빠른 중학연산》, 《수력충전》(수경), 《개념+연산》(비상)을 추천합니다. 특히, 중1-1의 정수와 유리수 단원, 문자와 식 단원과 중2-1의 식의 계산, 중3-1 다항식의 곱셈, 인수분해 단원은 빠르게 정확하게 계산할 수 있도록 충분히 연습해야 합니다. 이 단원은 단위 연산이기 때문입니다.

　고등 과정을 공부할 때는 《수력충전》을 추천합니다.

기본서

초, 중, 고 모두 기본서를 충실하게 공부해야 합니다. 초등 과정을 공부할 때는 상위권(상위 10%) 학생은 기본서를 생략하고 응용서로 공부해도 됩니다. 상위권 학생에게는 초등 과정 기본서가 지나치게 자세하기 때문입니다.

초등 기본서로는 《개념이 쉬워지는 생각수학》, 《디딤돌 초등수학 기본》 등이 있습니다.

중등 기본서로는 《숨마쿰라우데》, 《개념+유형》(비상교육), 《체크체크 중학수학》 등이 있습니다. 독해력이 있는 학생이 혼자 공부하기에는 《숨마쿰라우데》가 좋습니다.

유형서

초등 과정을 공부할 때 유형서는 선택입니다. 특히 상위권 학생은 유형서를 안 풀어도 됩니다. 기본서와 비슷한 이유입니다. 교습자나 부모가 개념을 가르칠 수 있다면 기본서를 유형서로 대체하는 경우도 가능합니다. 그렇지 않다면 기본서 1권에 응용·심화서 1권으로 공부하길 권합니다. 유형서는 개념, 원리를 이해하기에는 너무 간략하고, 응용·심화를 하기에는 양이 부족하기 때문입니다.

초등 유형서로는 《유형이 쉬워지는 생각수학》, 《문제유형》(디딤돌), 《기본+응용》(디딤돌), 《쎈수학》이 있습니다.

중등 과정을 공부할 때는 유형서를 추천합니다. 다만, 상위권(상위 10%) 학생에게는 유형서가 불필요합니다. 에너지와 시간을 아껴서 다음 단계로 나가는 것이 더 효과적이기 때문입니다. 중등 유형서로는 《쎈수학》을 추천합니다.

고등 과정을 공부할 때는 유형서가 필수입니다. 고등 유형서로는 《쎈수학》,《개념원리 RPM》를 추천합니다.

응용서 또는 심화서

자기 힘에 맞는 문제를 푸는 것이 중요합니다. 문제를 선정하는 원칙은 닿을락 말락한 정도를 선택하면 됩니다. 전문가와 상의하길 권합니다. 전문가의 도움 없이 판단한다면 정답률 70%를 기준으로 하면 됩니다.

초등 과정을 공부할 때는 응용·심화서는 1~2권으로 끝내십시오. 무리하게 《최상위 수학》과 같은 심화서를 풀면 안 됩니다. 억지로 주입식으로 심화서를 할 바에는 자기 힘으로 도전할 만한 응용서를 푸는 것이 더 좋습니다.

초등 응용서로는 《응용 해결의 법칙》,《응용》(디딤돌)을 추천합니다.

초등 심화서로는 《최상위 수학》,《최고수준 초등수학》,《점프왕수학 최상위》가 있습니다.

초등 준심화서로는 《최상위S》가 있는데, 이것을 공부할 때 조심할 점이 있습니다. 매스 마스터의 3문제 정도는 《최상위 수학》 하이레벨 수준이거나 그 이상입니다. 이렇게 난이도가 튀는 문제를 못 풀면 부모님들이 '최상위도 아니고 최상위S를 하는데 그걸 못 풀어?'라며 아이를 한심하게 생각하는 부작용이 있을 수 있습니다. 난이도가 튀는 문제를 골라낼 수 있거나 아이를 얕잡아 보지 않을 수 있어야 《최상위S》를 할 수 있습니다.

앞서 말한 심화서보다 더 어려운 초등 극심화서는 비추천합니다. 그 에너지로 사고력 문제집을 공부하거나 선행 진도를 나가세요.

중등 과정을 공부할 때는 응용·심화서를 1~3권으로 끝내세요. 영재고, 과학고 진학을 생각하면 《에이급 수학》, 《블랙라벨》과 같은 극심화서까지 풉니다. 영재고 진학이 아니면 극심화서를 70% 정답률로 맞으면 풀고, 아니면 《최고수준 수학》 정도에서 멈춰도 됩니다.

고등 과정을 공부할 때는 힘이 닿는 데까지 최대한 심화를 하면 좋습니다. 단, 중간 단계를 적절하게 설정하세요. 심화문제를 더 잘 풀기 위해서 지나치게 스몰스텝으로 난도를 높여가며 많은 문제집을 풀면 안 됩니다. 이렇게 물량공세로 심화 문제집을 풀 수 있게 만드는 것은 값싼 자기기만입니다. 심화 문제를 푸는 주된 목적은 막막하고 어려울 때 혼자 힘으로 문제를 해결할 수 있는 힘을 기르는 것이기 때문입니다.

다음 표는 각 문제집들을 종류와 연령에 따라 정리한 것입니다. 모두 좋은 문제집이니 선택 시 아이의 기호와 성향에 따라 선택하면 됩니다.

	개념서	유형서	응용서	심화서
초등	《개념이 쉬워지는 생각수학》 《기본》(디딤돌)	《유형이 쉬워지는 생각수학》 《문제유형》(디딤돌) 《초등 수학 기본+응용》(디딤돌) 《쎈수학》	《응용 해결의 법칙》 《응용》(디딤돌)	《최상위 수학》 《최고수준 초등수학》 《점프왕수학 최상위》 《최상위S》
중등	《숨마쿰라우데 개념+유형》 《체크체크 중학수학》	《쎈수학》	《일품 수학》 《최상위 라이트》	《에이급 수학》 《블랙 라벨》 《최고수준 수학》 《최상위 수학》
고등	《기본 수학의 정석》 《수학의 바이블》	《쎈수학》 《개념원리 RPM》	《일품 수학》 《풍산자 일등급 유형》 《고쟁이 수학》	《실력 수학의 정석》 《블랙 라벨》

교과 수학,
어떻게 공부해요? 1

문제가 안 풀리는 아이 지도법

많은 학생이 한 번도 배운 적이 없는 낯선 문제를 만나면 1분도 안 되어서 포기하고 별표를 칩니다. 이렇게 쉽게 포기하는 학생에게 훈계도 하고 잔소리도 해 보지만 아이의 이 말에 굴복하곤 합니다.

"암만 생각해도 모르겠어요. 생각이 안 나는데 어떻게 하란 말이에요?"

부모 입장에서는 참 안타깝고 답답합니다. 이런 상황을 어떻게 풀어야 할까요?

우선 문제를 어렵게 만드는 요인을 다음 일곱 가지로 나눌 수 있습니다.

요인	내용
속도	얼마나 빨리 풀어야 하는가? (시간 제한)
정확도	얼마나 실수 없이 정확하게 실행해야 하는가? (함정, 계산 복잡성)
이해도	문제를 이해하기가 얼마나 어려운가? (많은 정보, 긴 문장제, 새로운 기호)
유사도	내가 알고 있는 문제와 얼마나 비슷한가? (유형의 익숙함, 변형과 응용)
복잡도	얼마나 많은 개념이 결합되어 있는가? (다단계 문제)
가시도	해결의 실마리가 얼마나 잘 보이는가? (낯섦의 정도)
자유도	문제해결까지 선택지가 얼마나 많은가? (열린 문제)

문제마다 어려운 원인이 다르기에 그에 맞는 처방을 내려 주면 됩니다. 학원에서는 전문 강사가 적절한 때에 간단하게 몇 가지 발문하면 학생이 스스로 문제를 해결할 때가 많지요. 하지만 집에서 공부할 때는 그게 힘듭니다.

그렇다면 어떻게 해야 할까요? 바로 답지를 보게 하거나 가르쳐 줄까요? 끝까지 혼자 힘으로 풀게 할까요? 한 번 참았다가 보게 할까요? 최소 10분 이상 생각하고 보게 할까요?

수학 학습의 단계와 학생의 수준에 따라서 어떤 경우는 무한 몰입을 해야 할 때도 있고 어떤 때는 1분만 생각하고 모르면 바로 도움을 받을 수도 있습니다. 지금부터 문제가 안 풀릴 때 쓰는 방법을 알려 드립니다.

미리 만들어 놓는 키워드 노트

우리가 어떤 지식을 장기기억에 저장할 때 원래 가지고 있던 기반지식의 덩어리에 연결하는 형태로 저장합니다. 예를 들면 약수, 배수를 저장할 때는 곱셈과 나눗셈의 지식 덩어리에 연결하는 것이지요. 이때 키워드도 달아서 저장합니다. 예를 들면 약수와 배수를 저장할 때의 키워드는 최대공약수, 최소공배수 이런 식으로 배울 때의 키워드가 됩니다. 다음에 지식을 활용할 때는 처음 저장했던 키워드로 검색하면 검색에 걸려서 꺼내서 사용할 수 있습니다.

하지만 실제로 문제를 풀 때는, 문제에서 주어진 조건이 지식을 저장할 때의 키워드와 다른 경우가 많습니다. 예를 들어 분수 문제가 있다고 칩시다. 이 문제는 분자를 통일해 풀어야 하는데 '분자를 통일한다'라는 발상이 죽어도 안 떠오릅니다. 활용 실패입니다. 아이는 답을 듣고 이렇게 말합니다.

"들으면 알겠는데 혼자서는 생각이 안 나요."

이것을 극복하는 방법이 바로 문제 풀 때 실마리로 삼을 수 있는 키워드를 물리적으로 저장해 두는 것입니다. 비유하면 찍찍이입니다. 찍찍이는 작은 갈고리가 많아서 뭐가 근처에 슬쩍 지나가도 갈고리에 걸려서 딸려 갑니다. 색인으로 비유할 수도 있습니다. 색깔별로 입고된 물건을 컴퓨터에 저장할 때, 색깔로만 저장하지 말고, 다음에 가격으로 검색할 것 같다면 가격별로도 찾을 수 있게 미리 색인을 만드는 것입니다.

'분수의 크기'와 '직각'이라는 두 가지의 키워드로 설명하겠습니다. 다음은 이 두 가지 키워드에 대한 활용 유형을 빈도 순서대로 정리한 것입니다.

분수의 크기	직각
1번: 분모 통일	1번 : 피타고라스의 정리
2번: 0, 1, $\frac{1}{2}$과 어림 비교	2번 : 넓이나 부피의 높이
3번: 분자 통일	3번 : 원의 중심과 접선
4번: 소수나 분수로 통일	4번 : 삼각비
5번: 대분수의 자연수 부분 먼저 비교	5번 : 내심
⋮	⋮

직각이 가장 많이 쓰이는 경우는 피타고라스의 정리입니다. 그러면 문제에서 직각이라는 키워드를 발견하면, 맨 먼저 보조선을 그려서 직각삼각형을 만들어 피타고라스의 정리를 이용

할 수 있는지 궁리합니다. 이렇게 해도 안 되면 두 번째로 자주 쓰이는 경우를 검토합니다. 직각이 어떤 넓이나 부피의 높이로 활용되어, 넓이나 부피 공식을 이용할 수 있는지 궁리하는 것이지요. 이런 식으로 계속해 나가면 대체로 문제가 풀립니다. 새로운 활용 사례가 있으면 목록을 갱신합니다. 빈도수 분석은 어떻게 하느냐? 문제에서 키워드를 다시 마주칠 때마다 기억에 저장할 수도 있고, 목록에 정(正) 자로 표시하는 것도 방법입니다. 다른 문제에서 다시 마주칠 때마다 정(正) 자로 표시하는 것도 방법입니다.

키워드마다 갈고리(=키워드 활용 목록)를 되도록 많이 달아 두게 지도하세요. 필요할 때 지식을 써먹기 쉽습니다.

마법의 셀프 발문

문제가 안 풀릴 때 다음 270쪽의 '마법의 셀프 발문'에 따라 스스로(또는 교습자가) 발문을 하면 가장 좋습니다. 이 발문대로 해 보지 않으면 도움을 받을 수 없다고 아이와 미리 약속하십시오.

> **마법의 셀프 발문**
>
> - 구하는 것은 무엇입니까?
> - 주어진 것은 무엇입니까?
> - 구하는 것을 알려면 무엇을 알면 좋을까요?
> - 주어진 것을 어떻게 써먹을까요?
> - 주어진 조건에 따라서 실제로 수를 몇 개 넣어 보세요.
> - 주어진 조건을 그림으로 나타내어 봅시다.

이 발문을 아이가 실천하기 위해 하면 좋은 행동들을 소개합니다.

문제를 소리 내서 읽어 본다

요즘 아이들은 워낙 미디어에 익숙한 세대라서 눈으로 읽을 때는 건성으로 읽어서 내용을 잘 놓칩니다. 낭독하면 강제로 천천히 읽게 되고 귀로 듣게 되니 문제가 이야기하는 것을 덜 빼먹습니다. 해 보면 꽤 효과가 있습니다. 어릴수록 문제를 낭독하다가 "아~ 알겠어요."라고 할 때가 많습니다. '마법의 셀프 발문'의 절반이 소리 내서 읽기로 해결되곤 합니다.

구하는 것과 조건에 주목하여 읽고 쓴다

구하는 것에 동그라미를 치고, 구하는 것을 알려면 무엇을 알면 좋은지 쓰는 것입니다.

다음과 같은 문제가 있다고 칩시다.

> 파란 끈의 길이는 3.5m이고, 노란 끈의 길이는 파란 끈보다 76cm 짧습니다. 두 끈의 길이는 모두 몇 m입니까?

이 문제에서 구하는 것은 '두 끈의 길이는 모두 몇 m?'입니다. 구하는 것을 알려면 파란 끈의 길이와 노란 끈의 길이에서 출발해야 합니다. 그럼 두 끈의 길이를 각각 구해야 한다고 옆에 적고 문제를 풀어 나가는 것입니다.

문제와 조금이라도 관련이 있는 것을 찾아본다

책이나 공책을 찾아봐도 좋습니다. 평소에 키워드 노트를 만들어서 머릿속에 갈고리를 많이 만들어 놓으면 실마리가 더 잘 떠오릅니다. 주어진 것에서 사용하지 않은 조건이 있는지, 안 써먹은 조건을 어떻게 활용하면 좋을지도 찾아보게 지도합니다. 수학은 식이나 그림에 조건이 숨겨진 경우가 많기 때문입니다.

이렇게 하고 기본서나 유형서를 펼쳐서, 이 문제와 관계가 있을 것 같은 지식을 찾아봅니다. 책을 찾아보고 풀어도 무척 좋습니다. 기억에 오래 남고 다른 곳에 응용도 잘할 수 있습니다.

실험과 그림 그리기만 해도 문제의 50%는 풀린다

마법의 셀프 발문 6개 중에 가장 중요한 건 마지막 2개입니다. 주어진 조건에 따라 실제로 수를 넣어 보기(실험하기)와 그림으로 나타내어 보기(그림 그리기)입니다.

낯설어서 못 풀던 문제 중에서 '실험하기'와 '그림 그리기'로 풀리는 문제가 50%는 됩니다. 제가 20년 넘게 수업하면서 경험한 통계입니다.

실험하기

학생이 간단한 경우부터 실험하고 관찰하고 가설을 추측하게 만드는 것입니다. 이것만 하면 학생이 혼자 힘으로 풀 때가 많습니다.

예를 들어서 설명하겠습니다.

> 31개의 연속하는 자연수가 있습니다. 그 자연수 중에서 짝수만의 합과 홀수만의 합의 차가 40입니다. 이 중에서 가장 작은 수는 무엇입니까?

"선생님, 도저히 모르겠어요."

"이것저것 시도해 봐."

"해봤는데 모르겠어요. 너무 어려워요. 포기할래요."

"아무 연속수나 3개만 써봐. 그리고 짝수의 합과 홀수의 합의 차가 얼마인지 알아볼까?"

"2, 3, 4로 해 볼게요. 짝수의 합은 6, 홀수의 합은 3. 차는 3이네요."

"다른 연속수로도 해 보렴."

"해 볼게요. 14, 15, 16. 음… 차가 15네요."

"뭐가 보이니?"

"글쎄요."

"또 다른 수로도 해 보렴."

"네. 이번에는 홀수로 시작해 볼게요. 7, 8, 9. 헐, 차가 8이에요."

"뭔가 발견했나 보구나."

"네! 가운데 수였어요."

"연속수 5개로 하면 어떨까?"

"해 볼까요? 3, 4, 5, 6, 7 차는… 헐…. 5. 가운데 수에요. 7개로도 해볼게요. 4, 5, 6, 7, 8, 9, 10. 얘도 가운데 수에요."

더 도와줄 필요가 없습니다. 학생이 신나게 풉니다.

학생이 정답을 맞혔을 때 추가로 도전시키면 더 좋습니다.
"연속수가 4개면 어떻게 될까? 6개면? 8개면?"

그림 그리기

주어진 조건을 한 자리에 표시하는 방법 중 하나입니다. 조건을 간략하게 압축해서 한 곳에 쓰는 방법도 있고, 표나 그래프로 나타내는 방법도 있는데요. 가장 강력하게 도움이 되는 방법은 그림으로 나타내는 것입니다. 글보다 그림이 눈에 더 잘 들어오기 때문이지요. 문제 상황을 그림으로 나타내면 마법처럼 문제가 쉬워집니다.

예를 들어서 설명하겠습니다.

> 현지는 8개의 딸기를 가지고 있습니다. 유찬이는 현지보다 딸기가 2개 더 많습니다. 지민이는 유찬이보다 딸기가 3개 더 적습니다. 지민이는 몇 개의 딸기를 가지고 있습니까?

이런 긴 문장제 문제를 풀 때는 유독 아이들이 실수를 많이 하는데, 독해력 또는 문제 이해력이 낮아서 그렇다고 생각합니다. 그래서 집중하라고 잔소리를 하기도 합니다. 하지만 독해력이나 집중력이 문제의 원인이 아닙니다. 작업기억력의 한계를 넘는 정보를 우격다짐으로 처리하려니 어렵고 실수가 생기는 것입니다.

문제의 정보가 너무 많을 때는 내 머리의 용량에 맞게 문제의 정보를 가공해야 합니다. 그중에서 가장 강력한 기술이 그림을 그리는 것입니다. 이 문제를 풀 때 다음처럼 그림을 그리면 작업기억력의 부담이 확 낮아져서 문제가 훨씬 쉽게 풀립니다.

현지: 8개 🍓🍓🍓🍓🍓🍓🍓🍓
유찬: 현지+2개 🍓🍓🍓🍓🍓🍓🍓🍓 🍓🍓
지민: 유찬-3개 🍓🍓🍓🍓🍓❌ ❌❌

또 다른 예를 들어 보겠습니다.

홍길동이 수확한 모든 배추를 운반하려고 합니다. 큰 트럭을 이용하면 20대가 필요하고, 작은 트럭을 이용하면 30대가 필요합니다. 큰 트럭은 작은 트럭보다 4t을 더 많이 운반할 수 있습니다. 이 마을에서 수확한 배추는 모두 몇 t입니까?

문제가 참으로 복잡해 보이니 아이가 지레 포기하려 합니다.

"선생님, 모르겠어요."

"좀 더 생각해 봐."

"안 배운 문젠데요?"

"처음 보니까 문제라고 하지. 배운 것이면 연습이야."

"생각이 안 나요."

"문제를 그림으로 그려 보렴."

그런데 어떤 아이들은 이렇게 그림으로 그려 보라고 하면 당황해합니다. 그럴 때는 처음에 몇 번은 교습자나 부모가 그려 주는 것도 괜찮습니다.

"엥, 어떻게요? 저는 트럭에 대해 아무것도 모르는데요."

"주어진 조건을 그림으로 그려 보라는 뜻이야. 이렇게 말이지."

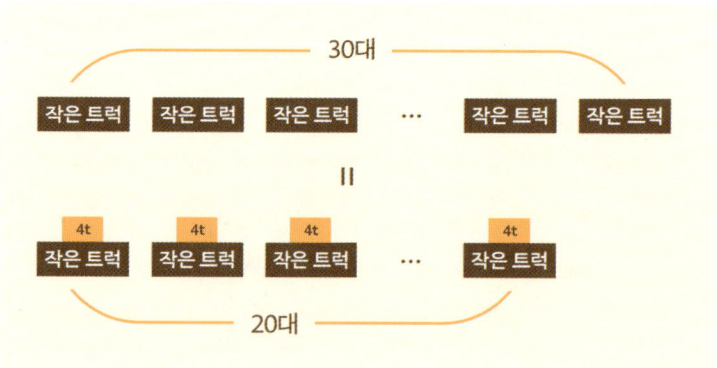

이렇게 그려 주면 아이는 작은 트럭을 □로 두고 식을 세울 수 있음을 금방 깨닫습니다.

"아~ 선생님, 이제 혼자 풀 수 있을 것 같아요."

그럼에도 도저히 못 풀겠을 때 어떻게 할까?

이렇게 스스로 해 볼 것을 다 했는데도 못 풀면 답지나 선생님(부모)의 도움을 받아야 합니다.

답지 한 줄씩 보기

답지를 한 줄만 봅니다. 그리고 적어도 1~2분 생각합니다. 그래도 안 되면 다음 한 줄을 봅니다. 그리고 1~2분 생각합니다. 풀 수 있을 때까지 이런 식으로 진행합니다. 도움 받은 것은 한줄풀이를 달고 키워드를 키워드 노트에 적어 둡니다.

답지의 도움을 받았는데도 풀이가 이해 안 되면 그 부분에 포스트잇을 붙여 놓습니다. 그리고 부모나 선생님에게 질문할 때도 "모르겠어요. 가르쳐 주세요."가 아니라 "여기까지는 알겠는데 여기부터 모르겠어요."라고 질문해야 합니다. 그래야 가르쳐 주었을 때 더 잘 흡수합니다.

도움 주기

답지 한 줄씩 보기는 학생 혼자서 공부할 때를 말한 것입니다. 선생님이나 부모가 도움을 줄 때는 이에 앞서서 팁이나 힌트를 줄 수 있습니다. 힌트는 노련한 전문가가 조심스럽게 줘야 합니다. 힌트는 자칫 유도신문이나 무작정 내비게이션 따라가는 방식이 되기 쉽기 때문입니다. 힌트보다 더 좋은 방법은 못 풀고 있는 문제와 비슷한 작은 문제를 만들어서 풀어 주는 것인데, 문제집 구성이 잘되어 있으면 더 쉬운 문제를 찾기 수월합니다.

가르쳐 주기

최후의 방법으로 답지를 다 보여 주거나 가르쳐 줍니다. 나중에 아이 스스로 꼭 한줄풀이를 달아야 합니다.

교과 수학,
어떻게 공부해요? 2

반성

 흔히 학생들에게 깊이 생각하라고 쉽게 말합니다. 하지만 "깊이 생각한다는 것이 무엇을 어떻게 생각하라는 것인가요?"라는 물음에 구체적으로 말해 주는 경우는 적습니다. 깊이 생각한다는 것은 문제를 풀고 나서 다시 곱씹으면서 문제에 관한 지식을 고도화하는 과정입니다. 이를 '반성'이라고 부릅니다.

 '반성'은 학생들에게 '문제해결과정'과 '다른 문제와의 관계'를 배울 기회를 제공한다는 점에서 학습의 가장 중요한 면일 것입니다. 문제의 피상적인 특징 아래에 숨어 있는 본질적인 구조

반성

원래 뜻
자신의 언행에 대하여 잘못이나 부족함이 없는지 돌이켜 봄.

수학 공부에서의 뜻
이미 푼 문제를 다시 돌아보며 사고 과정을 되짚어 보고, 깊이 생각해 보고, 새롭고 다양한 문제풀이 방법을 탐색함.

를 통찰하고 자신의 해결 방법을 스스로 들여다보고 인식할 수 있는 능력은 문제해결력의 결정적인 요소입니다. 문제 풀이 과정을 기계적으로 반복하고 암기만 할 경우, 이 과정의 바탕에 있는 수학적인 개념을 깊이 이해하기 어렵습니다. 학생이 현재의 문제와 과거의 지식을 연결할 수 있게 도와야 하고, 그것이 교습자의 가장 중요한 역할입니다.

문제해결에 성공하면 풀이를 돌아보고 설명하게 하세요. 그러면 학생은 자신의 사고 과정을 되짚어 봅니다. 시도했던 방법들이 어떤 것은 성립하고, 어떤 것은 아닌지 검토합니다. 이러한 반성의 과정은 문제를 더욱 깊이 이해하게 합니다. 또, 이 문제(또는 풀이)가 다른 문제나 개념과 어떤 관련이 있는지 명확하게 이해하는 데 도움이 됩니다.

반성할 내용

반성할 때는 다음을 중점적으로 생각합니다.

- 결과의 올바름: 결과가 맞다고 가정하고 말이 되는지 확인, 다른 방법으로 풀어 보아라.
- 추론의 유효성: 주어진 것은 모두 활용했는가? / 풀이 과정의 각 단계가 확실히 옳다는 것을 증명할 수 있는가?
- 다른 풀이법: 더 간단하고 직관적인 아이디어를 찾아보아라. / 여러 가지 풀이를 비교해 보아라.
- 다른 문제와 연결: 이 문제에서 사용한 개념, 원리, 기술이나 이 문제의 결과를 적용할 만한 다른 곳이 어디 없을까?
- 결과의 해석: 이 문제와 관련이 있는 지식이나 문제는 무엇이 있을까?
- 새로운 문제 만들기: 주어진 조건이 바뀐다면 어떻게 될까? / 결과나 방법을 활용하여 새로운 문제를 만들어 보아라.
- 풀이의 일반화: 결과나 방법을 비슷한 문제에 쓸 수 있도록 정리해 두어라.
- 해결 과정: 무엇이 문제 해결을 가로막았으며 어떻게 그 장애물을 넘었는지 되새겨 보아라.

반성에서 교습자의 역할

학생이 문제를 풀고 반성할 때 교습자는 다음을 확인합니다.

- 개념 이해: 아이의 문제 해석이 수학적 개념을 정확히 반영하고 있는가?
- 전략과 추론: 적합한 전략을 적용하여, 논리적이고 입증 가능한 과정에 따라 풀이를 진행하고 있는가?
- 의사소통: 자신이 설명하려고 하는 것을 남이 쉽게 이해할 수 있는가?
- 계산과 실행: 풀이 과정이 정확하고 완전하게 수행되었는가?
- 통찰과 연결: 문제의 본질적인 구조를 파악하는가? 풀이 과정이나 풀이 결과가 다른 문제에 어떻게 연결되는지 이해하는가?

반성하기 싫어할 때

저는 학생이 문제를 풀고 나서 반성하게 만들려고 꽤나 노력했습니다. 반성하면 좋은 점, 무엇을 반성해야 하는지도 가르쳐 주었습니다. 제가 반성한 결과를 자세하게 설명하기도 했습니다. 그래도 학생들이 반성하도록 만드는 것은 무척 어려웠습니다. 개인 수업일 때는 그나마 성공사례가 있지만 단체 수업으로 구현하는 것은 불가능에 가까웠습니다.

왜 대부분의 학생은 반성을 안 할까요? 학생들은 흔히 문제를 풀고 틀린 문제 오답까지 하면 다 끝났다고 여깁니다. 그런데 반성까지 하려면 시간과 노력이 더 드는 겁니다. 그렇다고 반성이 꼭 필요한지도 잘 모릅니다. 반성을 어떻게 해야 하는지도 잘 모르고요. 시키는 교습자나 부모도 반성이 그렇게 필수라고 생각하지 않고요. 다만 검산 정도만 열심히 시키십니다. 물론 학생들은 검산도 거의 안 합니다. 검산하느라 숙제를 더 오래 하느니 우선 빨리 풀고 틀린 문제만 다시 풉니다. 그것이 숙제하는 품이 덜 들거든요.

반성 대신 많이 쓰는 방법은 문제집 여러 권 풀기입니다. 비슷한 난이도의 문제집을 여러 권 풀리거나, 난이도를 조금씩 올려가면서 여러 문제집을 풀립니다. 이렇게 하면 비슷한 문제끼리 분류해서 조직하는 효과가 있습니다. 문제와 문제 사이의 연관도 더 많이 발견합니다. 다만, 이 방법은 가성비가 너무 떨어집니다. 부작용도 많습니다.

제가 학생들을 가르치던 초창기에 학생들이 반성을 너무 안 해서 안타까웠습니다. 어떡할까 궁리하다가 제가 발견한 조직—정리—이해의 과정을 학생들에게 가르쳤습니다. 저 나름으로는 노력해서 깨달은 것을 깔끔하게 정리해서 가르쳐줬는데 학생들은 거의 안 받아들입니다. 조금 하는 척을 하지만 반성하는 버릇으로 이어지지는 않았습니다. 그래서 반성하는 것이 습관이 될 수 있는 환경을 만들어야 한다는 것을 깨달았습니다. 그래서 연구해서 시스템을 만들었습니다. 그렇게 만들어진 게 GTG 반성 시스템입니다.

GTG 반성 시스템

① 모든 문제는 **반반 노트**에 풉니다. 강제로 자기 풀이를 돌아보는 효과가 있습니다.
② 오답을 반반노트에 하고 [**한줄풀이**]를 답니다.
③ 오답하고 놓쳤던 키워드로 **키워드 노트**를 만듭니다. 배운 것을 다음에 활용하기 쉽습니다.
④ **7회독**을 합니다. 분산학습, 인출학습의 효과가 있습니다.
⑤ **대표문제 단어장**을 만듭니다. 조직하기, 정리하기, 이해하기의 효과가 있습니다.
⑥ **정기 시험**(일일 시험, 단원 평가, 학기 평가)을 칩니다. 인출학습의 효과가 있습니다.

GTG 반성 시스템은 '학생이나 선생님이 쉽게 실행할 수 있는가?', '효과가 큰가?'에 초점을 두고 개발했습니다. 지금까지 설명한 반반노트, 한줄풀이, 키워드 노트, 7회독 학습법 등이 다 들어 있지요? 하나하나 개발해 온 저만의 독특한 방식을 '어떻게 하면 아이들이 반성을 하게 만들까?' 하는 고민을 하면서 만들어 낸 방법들입니다. 이것들을 촘촘하게 짜 보았고 매우 효과적이었습니다. GTG 반성 시스템을 실행해 보면 꾸준히 하기 쉽고, 성적이 쭉쭉 오릅니다.

초등 수학 로드맵,
고등에서 망하는 4가지 함정

 이제 초등 전체 로드맵을 짤 차례입니다. 올바른 공부법만큼이나 중요한 게 올바른 로드맵입니다. 초등 때의 로드맵이 중등 및 고1 성적을 결정하고, 고1 성적이 곧 아이의 입시 결과가 될 가능성이 높기 때문입니다.

 고등학교 입학할 때는 좀 못했다가 나중에 잘하는 학생이 얼마쯤 될 것 같으십니까? 1학년 1학기 내신이 2등급(4%~11%)이던 학생 중에서 1등급(~4%)으로 오른 학생은 12.7%입니다. 3등급(11%~24%)이던 학생 중에서 1등급으로 오른 학생은 고작

0.2%입니다.* 고1 내신이 고3까지 간다는 뜻입니다. 고1 내신이 매우 중요하다는 뜻이기도 합니다. 이 자료는 국어, 영어, 수학, 사회, 과학 모두 포함한 성적의 변화만 조사한 것입니다. 아마 수학만 따로 떼서 확인하면 등급이 오를 가능성은 더 적을 것입니다. 이렇게나 중요한 고1 내신에서 높은 성적을 받으려면 어떻게 준비해야 할까요?

흔한 로드맵, 돌이킬 수 없는 착각

대부분의 사람들이 잡고 있는 흔한 로드맵을 보겠습니다. 5학년부터 수학을 공부하는 로드맵으로, 이런 생각이 기저에 깔려 있습니다.

"너무 어릴 때부터 달리다가 나중에 지치기 쉬워. 4학년까지는 독서하고, 연산하고, 심화하고, 체험 많이 하고, 공부 습관 만들다가 5학년부터 본격적으로 공부해야지!"

초등 과정은 3개월에 1개 학기를 끝내는 것으로 잡습니다. 교재는 기본서 1권과 심화서 1권을 공부합니다. 또는 기본서

---

* 진학사에서 5등급(40%~60%) 이상인 학생 125,102명을 조사해서 2024년에 발표한 자료입니다.

1권 응용서 1권, 심화서 1권을 공부하기도 합니다. 적지 않은 양입니다.

　중등 과정은 어렵고 양이 많으니까 4개월에 1개 학기를 끝내는 것으로 잡습니다. 교재는 기본서 1권, 응용서 1권, 심화서 1권(생략 가능)으로 잡았습니다. 4개월 안에 끝내려면 꽤 열심히 해야 가능합니다. 우리 아이는 어릴 때 놀면서 체력을 비축했으니까 조금 빠듯하게 계획을 잡아도 해낼 것입니다.

　고등 과정은 1개 학기를 9개월에 끝내는 것으로 잡았습니다. 교재는 선행으로 쉬운 기본서(예:《기본정석》또는《개념원리》) 1권, 쉬운 유형서(예:《RPM》또는《쎈수학》) 1권을 공부하고 심화로 응용서 1권(예:《일품 수학》), 심화서 1권(예:《고쟁이》)을 잡습니다. 어떤 분은 고1-1을 하는 데 9개월이나 잡냐고 할 수 있지만 수학적 사고력이 매우 강하고, 엄청 성실한 학생이라도 예를 든 교재 4권을 공부하는 데는 9개월도 빠듯합니다.

　이렇게 로드맵을 짜면 289쪽의 표와 같습니다. 고1 올라가기 전까지 고1 과정을 심화까지 2바퀴 돌리고 시간이 남습니다. 남는 시간에 고2 과정 선행을 할 수도 있고 고1 내신 실전대비(등급 만들기)를 할 수도 있다는 계산이지요.

　그런데 말입니다. 이 로드맵은 꼭 고려해야 할 2가지 요소를 빼먹었습니다. 하나는 내신이고, 다른 하나는 사춘기입니다.

	초5	초6	중1	중2	중3
1월	5-1 선행/심화				
2월		중1-1 선행/심화	중2-2 선행/심화		고1-2 선행/심화
3월					
4월	5-2 선행/심화			고1-1 선행/심화	
5월					
6월		중1-2 선행/심화	중3-1 선행/심화		
7월	6-1 선행/심화				
8월					고2-1 선행/심화 또는 고1-1 실전대비
9월					
10월	6-2 선행/심화	중2-1 선행/심화	중3-2 선행/심화	고1-2 선행/심화	
11월					
12월					

중학교 1학년 1학기는 자유학기제라 중간고사와 기말고사가 없지만 2학기부터는 학기마다 중간고사와 기말고사가 있습니다. 특목고, 자사고를 생각하는 학생이라면 내신을 챙겨야 합니다. 일반고에 진학할 학생이라도 내신을 소홀히 할 수는 없습니다. 내신 준비는 약 3주간 한다고 치더라도 앞뒤로 분위기가 흐려져서 진도는 1달 정도 못 나갑니다. 거기에다가 사춘기의 방황이 군데군데 폭탄처럼 도사리고 있습니다.

이것을 반영하면 로드맵이 다음 290쪽의 표처럼 바뀝니다.

	중1	중2	중3
1월	중2-2 선행/심화	중3-2 선행/심화	💣
2월	중2-2 선행/심화	중3-2 선행/심화	💣
3월	중2-2 선행/심화	고1-1 선행/심화	💣
4월		중간고사	중간고사
5월	중3-1 선행/심화	고1-1 선행/심화	고1-2 선행/심화
6월	중3-1 선행/심화	기말고사	기말고사
7월	중3-1 선행/심화	💣	
8월	중3-1 선행/심화	💣	
9월	중간고사	중간고사	중간고사
10월	중3-2 선행/심화		
11월	기말고사	기말고사	💣
12월	중3-2 선행/심화		

이 로드맵을 따르면 고1 올라가기 전까지 간신히 고1-1 과정만 심화까지 2바퀴 돌릴 수 있지만 고1-2 과정은 불안하게 끝납니다. 고2 과정 선행을 할 수도 없고 고1 내신 실전대비(등급 만들기)도 충분히 할 수도 없습니다. 아마 고1 내신에서 상위 10% 안에 들기는 어려울 것입니다. 고1 내신이 고3까지 간다는 사실을 생각한다면 이 로드맵은 돌이킬 수 없는 착각입니다.

'꼼꼼탄탄'과 '심화'의 함정

고1 내신 대비를 너무 늦게 시작하는 위험을 더 키우는 함정이 있습니다. 바로 '꼼꼼탄탄'과 '심화'입니다.

'꼼꼼탄탄'을 추구하는 분은 학생이 틀리면 오답을 철저하게 반복합니다. 그래도 틀리면 추가로 문제집을 더 풉니다. 진도를 나가다가 동네 학원에서 시험을 쳐서 성취도를 확인합니다. 점수가 나쁘면 진도를 멈추고 꼼꼼하게 복습합니다. 이렇게 하면서 진도는 점점 느려집니다.

내신이나 수능을 준비할 때는 '꼼꼼탄탄'하게 공부해야 합니다. 성적을 받아야 하니까요. 하지만 선행학습을 할 때는 다릅니다. 1달~2달 공부한 내용을 시험으로 쳤을 때 70점~80점 이상이면 진도를 나가도 됩니다. 조금 까먹어도 진도를 나가십시오. 초등수학은 중1 수학에서 모두 정리하게 됩니다. 중등수학은 고1 수학에서 모두 정리하게 됩니다. 까먹은 지식은 더 높은 차원에서 다시 학습하게 된다는 뜻입니다.

한편 심화의 경우 그 위험성과 대처법을 너무 많이 설명했으니 생략하겠습니다. 불필요한 심화를 하다가 수학 정서만 나빠지고, 고등 내신 준비할 시간만 잡아먹습니다. 여기서는 그럼에도 심화를 하고 싶어 하시는 분들에게, 수능과 내신의 길을 가는 학생에게 불필요한 문제가 어떤 것인지만 알려 드리겠습니다.

하나는 위의 학년 지식을 이용해서 풀어야 하는 문제입니다. 예를 들면, 초등 문제집인데 연립방정식을 이용해서 풀어야 하는 문제입니다. 이런 문제는 나중에 해당 학년 수학을 공부할 때 체계적으로 공부하는 것이 좋습니다.

다른 하나는 경시 수학에서 다루는 문제입니다. 극심화 문제집에 많이 있는 문제입니다. 이런 문제는 교과 지식만으로 풀 수 없고 고도의 창의적 문제해결력이 있어야 풀 수 있습니다. 바꿔 말하면 교과 수학에서 배우는 지식을 고도화하는 효과가 없다는 뜻입니다. 이런 문제는 영재고나 과학고를 준비하는 학생에게는 꼭 필요합니다. 하지만 내신과 수능으로 대학을 갈 학생이라면 안 풀어도 됩니다.

안전한 로드맵

공부 시작 시기를 당겨 볼까요? 293쪽 표를 보세요. 4학년부터 시작하면 고1 올라가기 전까지 고1 과정을 심화까지 2바퀴 돌리고 시간이 남습니다. 남는 시간에 고2 과정 선행을 할 수도 있고 고1 내신 실전대비(등급 만들기)를 할 수도 있습니다.

	초4	초5	초6	중1	중2	중3
1월	4-1 선행/심화	6-1 선행/심화				
2월						
3월						
4월	4-2 선행/심화	6-2 선행/심화	중2-1 선행/심화	중3-2 선행/심화	중간고사	중간고사
5월						
6월					기말고사	기말고사
7월	5-1 선행/심화	중1-1 선행/심화	중2-2 선행/심화	고1-1 선행/심화	고1-2 선행/심화	
8월						
9월				중간고사	중간고사	중간고사
10월	5-2 선행/심화	중1-2 선행/심화	중3-1 선행/심화	기말고사	기말고사	고2 선행/심화 또는 고1-1 실전
11월						
12월						

한편 294쪽의 표는 3학년부터 시작하는 플랜입니다. 이러면 고1 올라가기 전까지 고1 과정을 심화까지 2바퀴 돌릴 수 있습니다. 상황을 봐서 고1 과정 성취도가 좋으면 고2 과정의 일부를 심화까지 2바퀴 돌릴 수 있고, 성취도가 부족하면 고1 과정을 충분히 다질 수도 있습니다. 그리고 고1 내신 실전대비(등급

	초3	초4	초5	초6	중1	중2	중3
1월	3-1 선행/심화	5-1 선행/심화	중1-1 선행/심화	중2-2 선행/심화			고2 선행/심화
2월							
3월							
4월	3-2 선행/심화	5-2 선행/심화			고1-1 선행/심화	중간고사	중간고사
5월							
6월			중1-2 선행/심화	중3-1 선행/심화		기말고사	기말고사
7월	4-1 선행/심화	6-1 선행/심화					
8월							
9월						중간고사	중간고사	중간고사
10월	4-2 선행/심화	6-2 선행/심화	중2-1 선행/심화	중3-2 선행/심화			
11월					기말고사	기말고사	고1-1 실전대비
12월					고1-2 선행/심화		

만들기)할 시간도 충분히 있습니다.

내신 점수로 확인하며 진행하라

이 로드맵은 여러 가지 변수에 따라 많이 달라집니다. 3학년이 되었지만 상위 35% 이하라 선행을 시작하지 못할 수도 있고요,

그런 아이가 열심히 공부해서 뒤처진 진도를 따라잡을 수도 있고, 사고력이 강해서 같은 시간을 공부해도 성취도가 월등할 수도 있습니다. 그래서 공부를 언제 시작하는지, 심화를 얼마나 많이 하는지는 학생의 상황에 맞추어서 자유롭게 정할 수 있습니다. 하지만 꼭 지켜야 할 사항이 있습니다.

하나는, 진도만 나가는 선행이 아니라 내신 점수로 확인하며 나가는 선행이어야 합니다. 중등 과정을 나갈 때는 인근 중학교 내신 기출문제로 점수를 확인하며 나가십시오. 75점 이상이면 진도를 나가도 됩니다. 고등 과정을 선행할 때는, 킬러 문항을 제외한 70점까지를 안정적으로 받는 것을 1차 목표로 삼아야 합니다. 대부분의 학생이 고1 선행을 한 상태에서 고1 내신을 치르지만, 실제 고등학교 수학의 내신 평균은 50점대에 불과합니다. 내신 점수로 확인하지 않고 진도만 나가면 이렇게 됩니다. '수박 겉핥기' 선행이 안 되려면 반드시 실제 내신 시험지로 확인하면서 진도를 나가야 합니다.

확인 시점도 중요합니다. 늦어도 중학교 2학년에는 목표 고등학교의 1학년 내신 시험지로 실력을 점검해야 합니다. 이때 상위권이 목표라면 진학하려는 고등학교 내신 시험지로 안정적인 2등급(상위 34%)을 목표로 학습 계획을 세워야 합니다. 그래야 마지막 실전대비를 통해서 안정적인 1등급 만들기를 할 수 있기 때문입니다.

이제 수학교육에 대한 관점을 바꿔야 합니다. 이것저것 좋다는 것을 막연하게 공부시킬 것이 아닙니다. 아이의 상황과 진로를 정확하게 파악해서 목표를 정하고 그 목표를 향해 체계적으로 로드맵을 짜야 합니다. 타고난 재능이 없어도 좋은 방법으로 많이 공부하면 내신과 수능에서 최상위가 될 수 있습니다. 성실함이라는 평범한 재능을 최상위권이라는 비범한 결과로 바꿀 수 있습니다.

상위권, 나아가 최상위권이 되려면 어떻게 로드맵을 짜면 될까요?

아이의 능력에 따른
학년별 수학 학습 로드맵

　이 책에서 지금까지 정말 많은 수학 공부하는 법을 살펴봤습니다. 사고력 수학을 진행하는 법, 교과 수학을 공부하는 법, 선행 진도까지. 이제 이 모든 것을 종합하여 나이별로 어떻게 진행해야 하는지 살펴볼 차례입니다.

　아이의 발달 단계와 진로에 따라서 각 시기별로 꼭 달성해야 하는 교육적 과업이 있습니다. 이것을 하나의 그림으로 나타내면 다음 298쪽의 표와 같습니다.

	7세	초1	초2	초3	초4	초5	초6	중1	중2
특목고, 자사고		그릇 키우기	워밍업	입시 시작			사춘기		
일반고		그릇 키우기		워밍업	입시 시작				
중심 과업		·정서 ·태도 ·능력		·규칙적 공부 습관	·비전 탐색 ·준거집단 설정 ·공부량		·독립 ·공부하는 맛 ·자기관리력		

그릇 키우기 단계는 공부 정서와 태도를 개발하고, 공부 능력을 개발하는 데 집중해야 하는 시기입니다. 독서, 체험, 생활 습관에 시간을 많이 투자합니다. 수학은 사고력 수학(문제해결력 수학 포함), 연산훈련을 기본으로 합니다. 교과 수학은 다음에 나오는 로드맵을 따라서 공부합니다. 수학 관련 교양도서를 읽는 맛을 들여 주면 좋은 시기입니다.

워밍업 단계는 매일 규칙적으로 공부하는 습관을 들이는 것이 가장 중요한 시기입니다. 많은 시간을 공부하지 않아도 됩니다. 다만 매일 정해진 시간에 정해진 양을 해내는 습관을 들여야 합니다. 아이들이 숙제를 안 했다면 아이들이 숙제할 마음이 없었던 것이 아니라 숙제보다 우선순위가 높은 것이 많았던 것입니다. 약속한 공부를 먼저 하고 다른 일을 하는 습관을 들이는 것이 이 단계의 목표입니다.

==입시 시작 단계는 대입까지 염두에 두고 본격적으로 국·영·수와 사회·과학을 공부하는 단계입니다.== 이 시기에는 남에게 검사받는 공부가 아니라 내 마음에 들 때까지 공부하는 태도와 많이 공부하는 습관을 만드는 것이 가장 중요합니다. 이런 태도와 습관을 만들기 위해서 비전을 탐색하는 데 시간을 투자해야 합니다. 단순히 부모나 사회의 바람이나 막연히 '잘 되면 좋지' 정도의 비전이 아닙니다. 이런 가짜 비전은 행동을 바꾸는 힘이 없습니다. 자신의 정체성 또는 준거집단을 형성하는 수준의 비전이어야 힘이 있습니다.

==사춘기 단계의 중심 과업은 정서적·정신적 독립입니다.== 공부하는 맛을 알고, 치열하게 많이 공부할 수 있는 자기관리력을 기르는 것도 중요한 과업입니다. 하지만 이것은 부모의 희망 사항일 뿐이고 부모가 영향을 미칠 수단은 없습니다. 사춘기에 부모는 오직 기도만 할 수 있습니다.

입시를 시작하는 나이가 너무 빠른 것이 아니냐고 반문할 수 있습니다. 하지만 교육특구와 비교육특구의 거대한 학력 격차는 누적 공부량과 엉덩이 힘, 공부 정서와 태도가 합쳐져서 생긴 것입니다. 누적 공부량은 사춘기 지나서 따라갈 수도 있습니다. 하지만 열심히 많이 공부하는 습관은 사춘기 이후에 따라가기 어렵습니다. 고1 중간고사부터는 습관을 들이는 시기가 아니라 성적으로 증명하는 시기이기 때문입니다. 치열하게 많이 공부하는 습관을 만드는 데는 적어도 2년이 걸립니다. 게다가 사춘기에는 새롭게 많이 공부시킬 수 없습니다. 사춘기가 지나면 고1 중간고사부터 바로 대입입니다. 요즘은 수능의 힘이 많이 빠져서 수능 한 번으로 역전이 불가능합니다. 그렇기에 사춘기 2년 전부터 입시가 시작되어야 합니다.

초6(빠르면 초5)에 사춘기가 옵니다. 사춘기가 오기 전에 공부량을 늘려 놓아야 합니다. 공부하는 습관이 잡힌 학생은 사춘기 때 방황하더라도 공부하면서 방황합니다. 공부하는 습관을 들여 주는 것은 부모의 큰 선물입니다.

아이의 현재 위치 파악하기

로드맵을 짜기 전에 가장 먼저 해야 할 일은 우리 아이의 현재 위치를 객관적으로 파악하는 것입니다. 아이의 성향이나 잠재력은 무시한 채, 옆집 아이의 진도나 '카더라' 통신에 휘둘리면 백전백패입니다. 학생의 수준은 크게 4가지로 나눌 수 있습니다.

극상위권(상위 4% 이내)은 영재고, 과학고 진학을 목표로 하는 아이들입니다. 수학적 재능이 뛰어나고, 새로운 지식을 배우는 속도가 빠릅니다.

최상위권(상위 4%~10%)은 자사고나 지역 명문고 상위권을 목표로 하는 아이들입니다. 수학적 감각이 좋고, 응용문제 해결 능력이 뛰어납니다.

상위권(상위 10%~25%)은 꾸준히 노력하면 상위권 대학 진학이 가능한 아이들입니다. 기본 개념 이해는 좋으나, 심화 문제에서 어려움을 겪는 경우가 많습니다.

중위권(상위 25% 이하)은 수학에 대한 흥미나 자신감이 부족한 아이들입니다. 기초부터 탄탄히 다지는 과정이 필요합니다.

어떻게 우리 아이의 수준을 알 수 있을까요? 전국 단위의 공신력 있는 경시대회나 인증시험(KTC, TESOM 등) 또는 지역 유명 학원 입학시험 결과를 참고하면 객관적인 위치를 파악하는 데 도움이 됩니다. 하지만 시험 결과만으로 아이를 판단하지는 마세요. 아이가 수학을 대하는 태도, 문제를 풀 때의 집중력, 실패했을 때의 반응 등을 종합적으로 관찰하는 것이 더 중요합니다.

로드맵에 필요한 교재 구성

수학 개념을 익히기 위한 교재 구성을 살펴봅시다. 흔히 우리가 수학에서 개념이라고 하는 것에는 다음 여러 가지가 포함됩니다. 좁은 의미의 개념(주로 정의라고 불립니다), 원리(주로 공식이라고 불립니다), 대표문제(필수예제, 유형문제라고도 불립니다), 정형화된 응용문제가 그것입니다. 교재로 예를 들면《기본》(디딤돌)(개념, 원리),《쎈수학》B 단계(대표문제),《응용 해결의 법칙》에 나오는 '2단계 응용유형 익히기'까지가 개념입니다.

다음 303쪽 표는 수준별·교육과정별 문제집과 사고력 수학까지 한꺼번에 정리한 것입니다. 아이의 실력에 따라 진행하면 됩니다. 물론 이 문제집들은 저의 추천일 뿐이니 아이의 성향에 맞게 적절히 변형하면 됩니다.

사고력 수학과 교과 수학을 공부하는 시간은 얼마나 배분하면 될까요? 2장에서 초등 사고력 수학은 1주일에 1개 단원을 1시간에서 2시간 공부하는 것으로 계획을 짰습니다. 초등 교과 수학은 이것의 3배에서 많게는 6배까지 시간을 분배해야 합니다. 그리고 학원에서 교과 수학 수업을 듣는다면, 수업 외에 스스로 공부하는 시간은 수업 시간의 2배에서 3배는 잡아야 합니다. 1주일에 학원에 가는 시간이 3시간이라고 하면 혼자 공부하는 시간이 6시간은 되어야 한다는 뜻입니다. 중등 과정까지는 사고력 수학을 병행해야 하므로 이 배분을 유지하되 공부 시간을 아이에 맞게 늘려야겠죠. 고등 과정에 들어갔다면 사고력 수학에 할애하는 시간까지 합쳐서 투자해야 합니다.

자, 사고력 수학을 어떤 걸 할지 2장에서 골라 놓았고, 교과

수준별, 교육과정별 문제집 및 프로그램 구성 예시

	최상위권 (~4%)	상위권 (~11%)	중상위권 (~24%)	중하위권 (~60%)
초등과정	· 응용(디딤돌) · 최상위 수학 (기본서를 1학기 뒤) · 사고력 수학 (부모표 사고력 프로그램 또는 사고력 학원)	· 생각수학 · 응용 해결의 법칙 · 최상위 수학 (기본서를 2, 3학기 뒤) · 사고력 수학 (부모표 사고력 프로그램 또는 사고력 학원)	· 기본+응용 (디딤돌) · 응용해결의 법칙 · 최상위 수학 (학교진도 맞춰서) · 사고력 수학 (부모표 사고력 프로그램 또는 사고력 학원)	· 기본(디딤돌) · 응용(디딤돌) · 사고력 수학 (부모표 사고력 프로그램 또는 사고력 학원)
중등과정	· 숨마쿰라우데 · 에이급 수학 · 도전문제	· 숨마쿰라우데 · 쎈수학 B 스텝 · 최고수준 · 블랙라벨 (선택) · 도전문제	· 개념+유형 · 쎈수학 B 스텝 · 일품 수학 · 도전문제	· 개념+유형 · 쎈수학 B 스텝 · 일품 수학 · 도전문제
고등과정	· 기본정석 · 쎈수학 · 심화서	· 기본서 · 쎈수학 · 심화서	· 기본서 · 쎈수학 B 스텝 · 일품 · 도전문제	· 기본서 · 쎈수학 B 스텝 · 도전문제
영재	· 영재교육원 · 경시대회 · KMO · 영재학교	· 영재교육원	· 해당사항 없음	· 해당사항 없음

수학 공부 방법을 3장에서 알아보았고, 바로 앞에서 이상적인 선행 진도표도 확인했습니다. 이제부터 사고력 수학과 교과 수학을 합한 전체 로드맵을 제시합니다. 공부 잘하는 지역의 아이들은 이렇게 공부한다는 하나의 사례로 생각하고 참고해서 우리 아이의 상태에 맞게 조정하십시오.

1~2학년 수학 학습 로드맵

사고력 수학은 필수입니다. 교과 수학은 수준에 따라서 다릅니다.

상위 4% 이내

선행을 반드시 시작하십시오. 선행 속도는 얼마라도 좋습니다. 아이가 내용을 이해하고 정답률이 70% 이상이면 최대한 힘껏 선행하세요. 교재는 《최상위 수학》과 같은 극심화서를 병행하십시오. 단, 초3 과정을 공부할 때부터 심화서를 사용하십시오. 초1~2 과정은 불필요하거나 심지어 유해하기까지 합니다. 개념이나 원리가 거의 없는데 어렵게 출제하려니 불필요한 문제가 많습니다.

상위 4%~10%

선행을 반드시 시작해야 합니다. 2~3달에 1학기씩 선행하십시오. 교재는 초3 과정부터 《최상위 수학》을 사용하면 좋지만 정답률이 70%가 안 된다면 좀 더 쉬운 심화서도 좋습니다.

상위 10~25%

교과는 현행 또는 3~4달에 1학기 페이스로 선행하세요. 심화는 준심화 또는 응용서로 공부해 주세요. 배운 것을 선생님이 되어서 설명하는 선생님 놀이를 해 주세요. 선생님 놀이는 244쪽에서 설명하였으니 참고하십시오.

상위 25%~

연산은 선행하십시오. 교과 현행을 응용이나 준심화서로 공부해 주세요. 선생님 놀이를 진행하세요. 수학도 중요하지만 독해력과 문해력을 기르는 데 힘을 쏟길 권합니다.

3~4학년 수학 학습 로드맵

사고력 문제집과 사고력 수학을 진행하세요. 교과 수학은 학생의 수준에 따라서 다릅니다.

상위 4%

초1~2와 같습니다. 늦어도 초6 여름에 고등 과정을 시작할 수 있도록 진도를 계획하십시오.

상위 4%~15%

초1~2와 같습니다. 이 학생들이 특히 조심해야 할 것은 교과 극심화 문제에 지나치게 시간과 노력을 투자하는 것입니다. 정답률이 50%도 안 되는 교과 극심화 문제를 무리하게 많이 풀면 부상을 입기 쉽고, 배웠던 지식을 완전하게 정리할 시간이 없습니다. (적절한 난이도인지는 정답률 70%를 기준으로 판단합니다)

더 문제는 진도가 늦어지는 데 있습니다. 진도가 늦어지면 정작 심화에 힘을 쏟아야 하는 고등 과정을 공부할 시간이 없습니다. 고1 과정을 심화까지 완전하게 준비하는 데는 적어도 2년 이상의 시간이 필요합니다. 고등 심화에 투자할 시간을 꼭 확보해야 합니다.

상위 15~35%

선행을 시작하세요. 1학기 과정을 3~4달에 끝내는 진도면 됩니다. 두 가지 수준의 교재(개념서와 응용, 또는 유형과 준심화, 또는 응용과 준심화 등)를 공부하길 추천합니다. 나머지는 초

1~2와 같습니다. 이때 7회독 학습법을 시작하면 좋습니다.

상위 35%~

연산 학습지는 3학년 1학기 과정까지만 해도 됩니다. 교과 수학은 현행을 공부하면서 현행은 응용까지 공부해 주세요. 선생님 놀이를 진행하고, 독해력과 문해력을 기르는 데 힘을 쏟아 주세요. 날마다 공부할 계획을 세우고 계획한 공부를 다는 무엇보다 가장 먼저 하는 습관을 들여 주세요. 처음에는 공부할 양을 조금만 해도 좋습니다. 습관을 들이는 것이 먼저이기 때문입니다. 그리고 조금씩 공부량을 늘려 갑니다.

5~6학년 수학 학습 로드맵

교과 수학 진도 기준으로 고등 과정 들어가기 전까지 사고력 문제집(《1031》, 《필즈수학》, 《최상위 사고력》, 《3%》 등)은 필수입니다.

교과 수학은 학생의 수준에 따라서 다릅니다.

상위 4%

초3~4와 같습니다.

상위 4%~10%

2.5배속(6개월에 3학기 진도를 나가는 페이스입니다)으로 진도를 나갑니다. 나머지는 초3~4와 같습니다.

상위 10~25%

2배속(6개월에 2학기 진도를 나가는 페이스입니다)으로 진도를 나가세요. 원리는 혼자 힘으로 증명할 수 있게 해 주세요. 나머지는 초3~4와 같습니다.

상위 25%~40%

1.5배속(6개월에 1.5학기 진도를 나가는 페이스입니다) 선행을 하면서 현행은 응용까지 공부해 주세요. 틀렸던 문제는 오답을 한 다음에 답지 없이 혼자 설명하고, 한줄풀이를 달게 해주세요.

상위 40%~

현행은 응용까지 공부하면서 선생님 놀이를 하세요. 정서와 태도가 중요합니다.

구체적인 진도의 예시

아이의 수학교육에 평소에도 관심이 많았던 분이라면 제시된 로드맵을 보고 "아, 이렇게 하면 되겠구나!"라고 감이 오실 겁니다. 반면 수학교육을 이제 막 알아가기 시작하는 분이라면 "여전히 뭐가 뭔지 잘 모르겠어."라고 반응하실 수도 있습니다. 따라서 저희 학원에서 수업하는 교육과정을 몇 가지 예로 들겠습니다.

모든 교육과정은 고등 과정을 학습하기 전까지는 정통 사고력 수학을 병행하는 것을 전제로 합니다. 교과 선행 교재는 《응용》(디딤돌)(초등 과정), 자체 교재 또는 《개념 유형+파워》(비상)(중등 과정), 《기본정석》과 《쎈수학》(고등 과정)을 사용합니다. (교재는 반마다 조금씩 다를 수 있습니다) 심화서는 《최상위 수학》(초등 과정), 《에이급 수학》 또는 《최고수준》(중등 과정), 《실력정석》 또는 《블랙라벨》(고등 과정) 등을 사용합니다.

초등 과정을 공부할 때는 교과 수학 수업이 3시간 주 1회 수업, 문제해결력 수학 수업(사고력 문제집)이 1시간 주 1회입니다. 중등 과정을 공부할 때는 교과 수학 2시간 주 2회(총 4시간), 문제해결력 수학 1시간 주 1회로 수업을 진행합니다. 고등 과정을 공부할 때는 교과 수학 3시간 주 2회, 문제해결력 수학 3시간 주 1회입니다.

1학년 극상위반

1학년 중 가장 진도가 빠른 반입니다. 1학년 1월에 4학년 1학기 선행과 3학년 2학기 심화로 시작합니다. 주로 영재고, 과학고, 서울대, 의대를 준비하는 학생들이 수강합니다.

2025년

1	2	3	4	5	6	7	8	9	10	11	12
초4-1			초4-2			초5-1			초5-2		초6-1
필즈 입문 이상				필즈 초급 이상							

2026년

1	2	3	4	5	6	7	8	9	10	11	12
초6-2			중1-1			중1-2			중2-1		중2-2
필즈 중급 이상						필즈 고급 이상					

2027년

1	2	3	4	5	6	7	8	9	10	11	12
중3-1			중3-2			중등 심화 대수 / 기하					
필즈 고급 이상				3% 2과정 이상							

2028년

1	2	3	4	5	6	7	8	9	10	11	12
공통수학 기본 (기본정석+쎈+프린트)									공통수학 심화		
MPS(자체 교재)						PS1(자체 교재)					

2029년

1	2	3	4	5	6	7	8	9	10	11	12
공통수학 심화 (실력정석+블랙라벨+일품+프린트)						대수 기본					
PS2 + MO(자체 교재)											

2030년

1	2	3	4	5	6	7	8	9	10	11	12
KMO Final					KMO 2차						졸업
					대수 심화						

2학년 최상위반

2학년 중 진도가 둘째로 빠른 반입니다. 1학년 초에 4학년 1학기부터 시작해서 2학년 1월이면 5학년 2학기 진도를 나갑니다. 주로 영재고, 과학고, 자사고, 서울대, 의대 진학을 미리 준비하는 학생들이 수강합니다.

2025년

1	2	3	4	5	6	7	8	9	10	11	12
초5-2					초6-1			초6-2		중1-1	중1-2
필즈 초급 이상					필즈 중급 이상						

2026년

1	2	3	4	5	6	7	8	9	10	11	12
중2-1			중2-2			중3-1			중3-2	중등 심화 대수 / 기하	
필즈 고급 이상											

2027년

1	2	3	4	5	6	7	8	9	10	11	12
중등 심화 대수 / 기하				공통수학 기본 (기본정석+쎈+프린트)							
MPS(자체 교재)						PS1(자체 교재)					

2028년

1	2	3	4	5	6	7	8	9	10	11	12
공통수학 기본		공통수학 심화(실력정석+블랙라벨+일품+프린트)									
PS2(자체 교재)											

3학년 중상위반

3학년 중 진도가 넷째로 빠른 반입니다. 3학년 1월에 4학년 1학기부터 시작합니다. 영재고, 과학고, 자사고, 일반고 이과 최상위, 서울대, 의대를 목표로 하는 학생들이 수강합니다.

2025년

1	2	3	4	5	6	7	8	9	10	11	12
초4-1		초4-2		초5-1		초5-2		초6-1		초6-2	
필즈 입문				필즈 초급 이상							

2026년

1	2	3	4	5	6	7	8	9	10	11	12
중1-1			중1-2		중2-1			중2-2		중3-1	
필즈 중급 이상						필즈 고급 이상					

2027년

1	2	3	4	5	6	7	8	9	10	11	12
중 3-1	중3-2		중등 심화			공통수학 기본 (기본정석+쎈+프린트)					
MPS(자체 교재)											

진로별 수학 학습 전략

목표로 하는 진로에 따라 수학 학습 전략도 달라집니다. 자세한 내용은 다음 314쪽에 표로 정리했습니다.

	장점	단점	기회	위협	전략
일반고	· 쉬운 입학 · 내신 유리	· 수시에 취약 · 면학 분위기 취약	· 의대에 지역인재전형 확대 · 수시에서 일반고 출신 정원 존재	· 수능을 배제한 모집정원 확대 · 고교학점제에서 심화선택과목 도입	· 내신이 거의 유일한 진학수단 → 강인하고 치열한 공부습관 필요 · 고2부터 갑자기 증가하는 수학진도를 미리 대비해야 함 → 선행 필요 · 심화과목 선택의 필요성 증가 → 선행 및 심화학습 필요
영재고 과고	· 수학, 과학 영재성 개발 · 수시에 유리한 교육과정	· 수학, 과학에 편중된 학습 · 탐구성향이 약하면 부적응 · 의대진학과 재수가 어려움	· 취업에서 이공계 우대 · 수능 축소, 수시 확대	· 영재고 학교수 증가 및 과학고 3년 졸업생 증가로 입시경쟁과 약화 · 연구자의 직업안정성 약화	· 수학에 대한 흥미가, 탐구심, 창의성 등 연구자 성향을 키우는 방식으로 공부할 필요 → 주입식 학습 지양 · 영재고 입시에 실패할 때를 대비할 필요 → 과목 간 균형 유지
자사고	· 수시, 정시 모두 유리 · 재수가 가능함	· 내신 불리 · 중학아이권으로 밀리면 일반고 진학보다 손해	· 2028 대입개편에서 내신이 5등급제로 됨 · 학생부종합전형 비중 높아짐	· 인기가 높아져 내신경쟁 치열 · 서울대 등에서 정시에 내신을 반영함	· 교과수학은 깊고 탄탄하게 · 변별력이 큰 문제를 풀 사고력 개발 · 수시대비할 시간을 별 필요 → 고2 초에 수능 1등급 나올 수 있어야 함

중하위권에서
상위권으로 도약하는 전략

완전학습 공부법

교과 수학 공부는 크게 1단계 개념+원리, 2단계 기본+응용, 3단계 심화로 나눌 수 있습니다. 각 단계마다 달성해야 하는 주요 과업이 다릅니다. 과업을 달성해 단계가 올라갈수록 수학 성적이 올라갑니다.

　기본+응용 단계의 과업만 달성해도 상위 11%가 됩니다. 여기에서 최상위권과 극상위권이 되려면 심화 단계에 접어들어 과업을 달성해야 합니다. 문제는 부모들이 기본+응용 단계는 고사하고 아이가 개념+원리 과업을 달성해야 하는 단계에서 심화를 건드리려 한다는 것입니다. 그러지 마시라고 바로 앞에서 아이 수준별 플랜을 제시했습니다. 아이가 위로 도약할 수 있도록 짜인 플랜으로 해야 할 일들만 딱딱 집어 설명했습니다.

하지만 플랜대로 진행할 때 하더라도 그 이유와 원리를 알고 하면 다릅니다. 조급함과 답답함이 사라지고 '아이가 앞으로 더 잘할 수 있다'라는 믿음이 생기니까요.

국어 능력이 우선이다

중하위권 학생들이 상위권이 되는 데 가장 크게 영향을 미치는 능력은 국어 능력입니다. 독해력과 언어 사고력으로 세분화해서 구분하기도 하는데요, 아무튼 이 국어 능력이 모든 공부의 기초체력입니다. 문제는 이 능력이 개발되는 데는 시간이 걸린다는 것입니다. 어릴 때부터 길게 보고 투자하세요.

비판적 독서도 좋고, 초등 5학년부터는 토론 수업을 적극 권장합니다. 요즘은 '디베이트' 수업이 유행합니다. 일반적인 토론은 자유롭게 생각을 주고받으며 다양한 의견과 대안 혹은 타협점이 제시되는데, 디베이트는 이와 달리 자신의 입장을 정해 놓고 시작합니다. 목적은 반대 입장을 논리로 이기는 것입니다. 형식적이고 경쟁적입니다. 아이의 성향에 따라 결정하면 됩니다.

문제풀이 사고력보다 정통 사고력 수학

중하위권 아이들에게 사고력 수학이 필수인 이유는 정서와 능력이라는 기초체력이 수학 학습에 밑받침이 되기 때문입니다. 여기서 사고력 수학이란 정통 사고력 수학을 말합니다. 물론 《1031》이나 《필즈수학》 같은 문제풀이 사고력 수학도 필수지만, 정통 사고력 수학 쪽에 더 비중을 두어 진행하세요.

교과 수학, 응용까지 완벽하게 정복해야

1단계 개념+원리 단계의 첫 번째 과업. 정확하고 깊게 이해하는 것입니다. 개념의 경우 과업을 달성하는 방법은 "왜?"를 질문해서 이에 답하는 방식입니다. 원리의 경우 원리(=공식)가 어디에 적용되는지를 알고 실제로 적용할 줄 알아야 하므로 대표 문제를 학습하고 공식을 유도(또는 증명)하는 방식으로 과업을 달성합니다.

그렇기 때문에 중하위권 아이들에게 선생님 놀이를 추천한 것입니다. 학교나 학원, 인강, 책에서 개념이나 원리를 배운 뒤에 선생님 놀이를 해 보세요. 학교에서 돌아오면 "오늘 배운 것 좀 가르쳐 줘. 궁금해."라고 말해 보세요. 학생은 가르치면서 개념과 원리를 정확하고 깊게 이해하게 됩니다. 더 좋은 것은 부모 자식 사이가 좋아지는 데 있습니다. 이때 귀 기울여서 경청하고 감탄만 해 주세요. 생각해 보면 태어나서 우는 것밖에 못하던 우리 아이가 배운 것을 자랑한다는 것이 얼마나 큰 기적입니까?

2단계, 기본+응용 단계는 기본 문제와 정형화된 응용문제까지 제대로 알고 응용하는 것이 과업입니다. 과업을 달성하는 방법은 완전학습입니다. 기본+응용 단계까지만 제대로 공부하면 상위권은 충분히 가능합니다. '7회독 학습법'을 권해드립니다. (7회독 학습법은 242쪽을 참고하세요)

이 단계가 아직 덜 완성되었는데 무리하게 3단계에서나 손을 대야 할 심화서를 풀리는 경우를 많이 봅니다. 그러면 기본 지식도 불완전하고, 심화문제를 푸는 문제해결력도 안 길러집니다.

상위권에서 최상위권으로 도약하는 전략

피지컬 공부법

상위권인 학생이 최상위권이 되려면, 심화 문제를 풀 수 있는 수준까지 문제해결력을 기르는 데 집중해야 합니다. 심화 문제도 배우고 익히기로 해결하려는 경우가 많은데 고학년이 될수록, 시험 범위가 많아질수록 이 방법은 안 통합니다. 모든 심화 문제를 다 배울 수 없기 때문입니다.

  심화라는 산을 넘기 위해서는, 우선 7회독 학습법 등으로 2단계까지 뼈대가 완벽하게 세워져 있다는 전제가 있어야 합니다. 그런 다음《최상위 수학》보다는 쉬운 심화서를 시작합니다. 이른바 심화 단계에 진입하는 겁니다.

심화 단계의 과업은 심화 문제를 풀 수 있는 문제해결력을 기르는 것입니다. 과업을 달성하는 방법으로 피지컬 공부법을 제시하겠습니다.

피지컬 공부법

지식을 학습하는 공부법이 아니라 기초체력을 개발하는 공부법이라는 의미에서 '피지컬 공부법'이라고 이름을 붙였습니다. 여기에는 크게 '도전하기'와 '능력 개발하기'가 있습니다.

우선 도전하기에 대해 살펴보겠습니다. 현재 문제해결력으로 제법 어려운 도전적인 문제를 풀어야 합니다. 어려워도 도움을 받지 않고 20분(상황에 따라서 10분)은 혼자 힘으로 풉니다. 최소한 이 정도는 머리를 써야 문제해결력이 개발됩니다. 못 푼 문제는 남겨 두었다가 다른 날에 풀기를 추천합니다. 여유가 없다면 20분 투자한 다음에 바로 답지나 교습자의 도움을 받아도 됩니다.

한편 '능력 개발하기'의 경우, 이를 달성하기 위해서는 어렵고 좋은 문제를 체계적으로 배치해서 학생이 도전하게 하는 것이 좋습니다. 이때 문제해결 사고력이 매우 큰 도움이 됩니다.

《1031》, 《필즈수학》, 《3%》 같은 사고력 문제집과 교과 심화 문제집을 병행하면 교과 심화 문제집을 단독으로 쓰는 것보다 안전하고 학생이 더 좋아합니다. 정답률 70%쯤 되는 교재를 선택해 진행하면 됩니다.

피지컬 공부 단계에서 문제해결력을 기르는 데 영향을 미치는 크기는 혼자 힘으로 풀기가 60, 키워드 노트(267쪽을 참고하세요)가 40입니다.

지나친 스몰 스텝이 문제해결력을 망친다

이 단계에서 가장 경계해야 하는 것은 과도한 스몰 스텝으로 공부하기입니다. 스몰 스텝 전략은 난이도를 조금씩 차이 나게 하면서 여러 단계에 걸쳐서 문제를 풀리는 전략입니다. 기본부터 탄탄히 다지면서 점진적으로 어려운 문제에 적응시킨다는 취지입니다. 스몰 스텝 전략은 마치 역기로 운동할 때 무게를 조금씩 늘려서 근육을 점진적으로 키우는 전략과 비슷합니다. 얼핏 들으면 매우 합리적인 전략 같습니다. 실제로도 거의 대부분의 초등, 중등 학원이 스몰 스텝 전략을 채택합니다.

처음에 기본서, 다음에 응용서, 다음에 준심화서, 다음에 심화서, 심화서는 어려우니까 한 권 더, 거기에 프린트까지… 이렇게 공부하다 보면 한 과정을 마칠 때까지 문제집을 5권 이상 푸는 경우도 심심찮습니다. 스몰 스텝 전략이 필연적으로 양치기로 이어지지는 않는데, 이상하게 현실에서는 스몰 스텝 전략은 거의 다 양치기를 합니다.

초등, 중등 때 스몰 스텝으로 공부하면 당장은 많이 공부하는 것 같고, 문제집의 난도가 조금씩 올라가니까 만족합니다. 지나친 스몰 스텝으로 공부하면 어려운 문제를 제법 풀기도 합니다. 하지만 이것은 실제 실력이 아닙니다. 그냥 문제 유형에 익숙해진 것입니다. 마치 약속 대련만 잔뜩 연습해서 화려하게 싸우는 것처럼 보이는 것입니다.

지나친 스몰 스텝의 문제점은 다음과 같습니다. 첫째, 학생들은 수학은 점수 따려고 고통스럽게 반복 노동을 하는 과목, 수학은 암기하는 과목이라고 여기게 됩니다. 스몰 스텝으로 심화문제까지 풀려니 얼마나 많이 공부했겠습니까? 게다가 도전해서 성취하는 느낌보다는 그냥 해치우는 숙제에 가깝습니다. 그래서 수학을 재미없어합니다.

둘째, 학생들은 조금만 어려우면 못 푼다고 생각합니다. 이때까지 모든 문제는 전에 배운 것에서 조금만 변한 것이라서 금방 풀렸습니다. 그래서 오래 생각해야 하는 문제를 만나면 금방 별표를 치고 답지나 교습자의 도움을 받습니다.

셋째, 가장 중요한 문제점입니다. 고생은 많이 했는데 문제해결력이 안 길러집니다. 운동하면서 근섬유가 조금 찢어져서 회복되는 과정에서 근육이 커진다고 합니다. 너무 가벼운 바벨을 여러 번 들면 피곤은 하지만 근육이 안 찢어져서 근육이 안 커집니다. 수학에서도 비슷합니다. 머리를 크게 안 써도 풀리는 문제를 많이 풀면 피곤은 하지만 문제해결력이 안 길러집니다. 풀 방법이 안 떠오르는 낯설고 어려운 문제를 혼자 힘으로 풀려고 낑낑거려야 배운 지식 중에서 써먹을 만한 것들을 찾아서 활용하게 됩니다. 이 과정에서 지식들 사이에 새로운 연결망이 생깁니다. 하나의 연결망이 새로 생기면 낯선 문제를 풀 때 사용할 무기가 하나 더 생긴 것입니다. 이렇게 해서 지식의 연결망이 많아지면서 문제해결력이 강해지는 것입니다.

그런데 지나친 스몰 스텝은 새로운 연결을 만드는 효과가 거의 없습니다. 난이도가 조금 올라가도 그전에 많이 풀었던 문제와 비슷한 문제니까 늘 쓰던 지식만 써도 풀립니다. (머리를 안 써도 어려운 문제가 풀린다는 것이 스몰 스텝 전략이 그렇게나 많이 양치기로 이어지는 이유입니다) 새로운 지식을 검색하고 연결할 필요가 없습니다. 그러니 문제는 많이 풀었는데 문제해결력이 안 길러지는 것입니다.

왜 이렇게 많은 초, 중 부모나 학원이 지나친 스몰 스텝 전략을 채택할까요? 초, 중 학생을 가르치는 선생님이 대부분 중등 내신 학원 출신인 것도 한 이유입니다. 다른 이유는 문제해결력을 기르는 전문 콘텐츠가 없는 것입니다. 눈앞의 점수만 볼 뿐이고 장기적으로 문제해결력을 길러야 한다는 문제의식이 없는 것도 한 이유입니다.

가장 근본적인 이유는 도전을 해야 문제해결력이 길러지는 원리에 대해서 무지하기 때문입니다. 지나치게 스몰 스텝으로 문제를 풀리는 것은 학생을 못 믿고 온실 속 화초처럼 키우는 것입니다. 내신 시험에서는 고득점을 하지만 수능이나 전국 모의고사에서 성적이 낮은 학생은 지나친 스몰 스텝 전략의 피해자입니다. 내신은 시험 범위가 좁고 출제 유형이 뻔하니까 문제해결력이 없어도 양치기로 고득점이 됩니다. 하지만 수능은 범위가 넓고 낯선 문제가 많으니까 문제해결력이 약한 학생은 점수를 가르는 결정적인 킬러 문제나 준킬러 문제를 못 풉니다. 내신보다 수능 등급이 낮은 학생들은 타고난 수학 머리가 나빠서라고 자학하는 경우가 많습니다. 타고난 머리 문제가 아닙니다. 잘못된 전략이 문제입니다.

쐐기 전략

과제집착력을 기르는 쐐기 전략을 소개합니다. 학생이 현재 쉽게 푸는 문제보다 난이도가 한 단계 더 높은 문제를 도전하게 시킵니다. 그리고 새로운 난이도에 어느 정도 적응이 되면 차츰 문제의 양을 늘리는 겁니다.

《최상위 수학》에서 레벨업 문제는 정답률 70%가 되는데 하이레벨 문제는 정답률이 50%가 안 된다고 합시다. 그러면 하이레벨을 포기하고 《최상위S》로 가지 말고, 그대로 《최상위 수학》을 풉니다. 다만 하이레벨 8문제를 모두 풀리는 것이 아니라 처음에 2~3문제만 풀립니다. 한 학기 과정이 끝나면 하이레벨을 한두 문제 더 풀리는 것입니다.

이때 하이레벨을 꼭 풀어야 하는 숙제가 아니라, 풀면 대단히 좋은 일종의 도전 문제처럼 취급합니다. 그리고 성공하면 축하합니다. 못 풀면 포스트잇 몰입법(165쪽)을 씁니다. 마치 쐐기를 박아서 거대한 나무나 돌을 쪼개는 전략입니다. 저희가 오랫동안 사용했는데 효과가 큽니다.

최상위권에서
극상위권으로 도약하는 전략

몰입 공부법

최상위권이 극상위권이 되려면 여러 가지 조건이 필요합니다.

우선 능력뿐만 아니라 지식이 고도로 쌓여야 하기에 교과 수학 진도를 늦어도 초6 여름에는 고1 과정에 들어가도록 진도를 잡으라고 플랜을 제시했습니다. 이것이 영재고 수학 플랜에서는 기초 중의 기초입니다.

하지만 뭐니 뭐니 해도 수학적 사고력과 문제해결력을 고도로 개발해야 합니다.

소수의 좋은 문제에 몰입하기

극상위권으로 가는 과업을 달성하는 방법은 몰입입니다. 최상위권이 되려면 '20분 혼자 힘으로 풀기'를 해야 한다 했지요. 그런데 극상위권이 되려면 무제한 혼자 힘으로 풀어야 합니다. 다만 한 문제로 너무 시간을 잡아먹으면 진도를 못 나가서 마음이 바빠집니다. 그래서 안 풀리는 문제는 30분 시간제한을 두고 풀고 안 풀리면 다음 날에 30분, 그래도 안 되면 문제를 쪽지에 적어서 들고 다니면서 자투리 시간에 풉니다. (165쪽 포스트잇 몰입법을 참고하세요) 한 문제에 고도로 몰입할 때 극상위권에 필요한 고도의 문제해결력이 개발됩니다.

이때 무제한 몰입할 문제는 반드시 소수의 '좋은 문제'만 풀어야 합니다. 너무 문제 수가 많으면 깊이 몰입할 여유가 없습니다. (좋은 문제의 기준은 163쪽에 나옵니다)

문제를 풀고 나서 자신의 풀이를 반성해야 합니다. 반성 방법은 이미 279쪽에서 설명했습니다. 교육학자 폴리아도 문제해결력을 기르는 데 가장 도움이 되는 것은 반성이라고 했습니다.

반성이 정말로 수학에 도움이 되는 예시를 하나 들겠습니다. IMO 금메달을 딴 학생에게 보물이 뭐냐고 물었더니 수학 아이디어 공책이라고 말했습니다. 이 학생의 수학 아이디어 공책은 자기가 문제를 풀고 나서 풀이를 분석하고 다음에 써먹을 수 있도록 갈무리한 것이라고 합니다. (물론 이 학생이 반성이라는 단어를 직접적으로 쓰지는 않았지만, 수학 아이디어 공책은 반성의 개념과 과정을 완벽하게 설명하고 있습니다)

나는 해낼 수 있다는 믿음이 중요하다

이 단계에서 가장 경계해야 할 것은 고정 마인드셋입니다. 몰입을 하려면, 해도 해도 진척이 없어서 포기하고 싶은 시기를 이겨내야 합니다. 고정 마인드셋을 가진 사람은 재능은 타고났다고 믿기 때문에 문제가 안 풀리면 쉽게 포기합니다. 반대로 일시적으로 실패할 수는 있지만 노력해서 내 실력을 키우면 성공할 수도 있다고 믿는 성장 마인드셋은 무제한 몰입을 하는 데 꼭 필요한 바탕입니다. 성장 마인드셋과 과제집착력은 어릴 때 사고력 수학을 공부하면 얻을 수 있는 무기이기도 합니다.

나가는 말

대치동을 이기는
절대반지

길고 긴 책을 읽느라 수고 많으셨습니다. 20년 넘게 제가 보고 듣고 깨닫고 실천한 것들을 책 한 권에 압축하려다 보니 양이 많아졌습니다.

저는 이 책을 쓰는 내내 두 가지 목표가 있었습니다. 첫 번째는 냉정한 현실을 제대로 알려 주자는 것이었습니다. 두 번째는 그 현실을 극복할 수 있는 방법을 알려 주자는 것이었습니다. 이를 위해 대치동 등의 교육특구에서 하는 수학 교육 방법도 가감없이 보여 드렸습니다. 또한 사고력 수학을 통해 체계적으로 사고력을 기르는 법을 알려 드렸고, 교과 수학을 하는 법도 아주 구체적으로 알려 드렸습니다. 내신, 수능, 고교학점제 등을 아우르는 입시 제도의 방향성까지 짚어서 미리미리 대비할 수 있게 했습니다.

그런데 사실 이 모든 걸 뛰어넘는 절대 반지가 있습니다.

이 반지는 돈으로 사는 것이 아닙니다. 학군지에 살지 않아도, 비싼 학원에 보내지 않아도, 누구라도 가질 수 있습니다.

절대반지란 바로 '공부하는 맛'입니다.

왜 수학 실력이나 재능이나 살고 있는 환경이 아닌 공부하는 맛이 절대반지라는 걸까요?

좀 과장을 보태면 100명 중 95명은 보상 때문에, 압박감에 내몰려서, 채찍 때문에 공부합니다. 그래서 건물주, 경제적 자유, 욜로 이런 것이 인생의 목표라는 유행도 있습니다.

그런데 공부가 맛있어서, 좋아서, 재미있어서 시키지 않아도 공부하는 5%의 학생도 있습니다. 이들은 간접동기로 공부하는 95%의 학생을 이깁니다. 정서와 태도가 다르다는 단 하나의 이유만으로 95%의 학생을 이기는 절대반지를 가지게 되는 것입니다.

공부하는 맛이라는 절대반지를 갖춰 줍시다. 절대반지가 작동하려면 성장 마인드셋과 공부하는 습관을 길러 주면 됩니다. 미리 냉정한 현실을 알려 주되, 여건이 불리하더라도 노력하면 잘할 수 있다고 믿게 합시다.

아이가 기만 안 죽고 살아 있으면 언제라도 몰입해서 공부할 수 있습니다. 몰입해서 2년 공부하면 원하는 대학 어디라도 갈 수 있습니다.

우리 아이가 나중에 바쁘지 않으려면 어릴 때부터 도와줍시다. 이 책이 제시하는 모든 내용을 지도와 나침반으로 삼고 전진하십시오. 진심으로 응원합니다.

입시의 결정적 마침표,
초등 수학 사고력

초판 1쇄 발행 2025년 11월 14일

지은이 김종명

펴낸이 金昇芝
편집 김도영
디자인 타입타이포 김효숙

펴낸곳 블루무스
전화 070-4062-1908 팩스 02-6280-1908
주소 경기도 파주시 경의로 1114 에펠타워 406호
출판등록 제2022-000085호
이메일 bluemoose_editor@naver.com
인스타그램 @bluemoose_books

ISBN 979-11-93407-45-5 (03370)

· 저작권법에 의해 보호를 받는 저작물이므로 무단 전재와 복제를 금합니다.
· 이 책의 일부 또는 전부를 이용하려면 저작권자와 블루무스의 동의를 얻어야 합니다.
· 책값은 뒤표지에 있습니다. 잘못된 책은 구입하신 곳에서 바꾸어 드립니다.